本科教育理论与实践译丛

丛书主编　周跃良　周军强

本译丛系浙江省哲学社会科学重点培育研究基地
"浙江师范大学高质量教育发展研究院"成果

以学习者为中心的教学

基于学习研究的实践

［美］泰利·多伊尔（Terry Doyle）　／著
周军强　／译

Learner-centered
TEACHING
Putting the Research on Learning Into Practice

Routledge
Taylor & Francis Group

ZHEJIANG UNIVERSITY PRESS
浙江大学出版社
·杭州·

图书在版编目（CIP）数据

以学习者为中心的教学：基于学习研究的实践 / （美）泰利·多伊尔著；周军强译. -- 杭州：浙江大学出版社，2024.11
书名原文：Learner-Centered Teaching: Putting the Research on Learning into Practice
ISBN 978-7-308-23353-8

Ⅰ.①以… Ⅱ.①泰… ②周… Ⅲ.①教学研究 Ⅳ.①G420

中国版本图书馆CIP数据核字(2022)第235451号

浙江省版权局著作权合同登记图字：11-2024-556

Learner-Centered Teaching: Putting the Research on Learning into Practice / by Terry Doyle / 978-1-57922-743-2

Copyright © 2011 by Taylor & Francis Group

Authorized translation from English language edition published by Taylor & Francis Group. All Rights Reserved.

本书原版由 Taylor & Francis 出版集团出版，并经其授权翻译出版。版权所有，侵权必究。

Zhejiang University Press is authorized to publish and distribute exclusively the Chinese (Simplified Characters) language edition. This edition is authorized for sale throughout Mainland of China. No part of the publication may be reproduced or distributed by any means, or stored in a database or retrieval system, without the prior written permission of the publisher.

本书中文简体翻译版授权由浙江大学出版社独家出版并仅限在中国大陆地区销售。未经出版者书面许可，不得以任何方式复制或发行本书的任何部分。

Copies of this book sold without a Taylor & Francis sticker on the cover are unauthorized and illegal.
本书封面贴有 Taylor & Francis 公司防伪标签，无标签者不得销售。

以学习者为中心的教学：基于学习研究的实践

[美]泰利·多伊尔　著　周军强　译

策划编辑	朱　辉
责任编辑	朱　辉
责任校对	陈丽勋
封面设计	春天书装
出版发行	浙江大学出版社
	（杭州市天目山路148号　邮政编码310007）
	（网址：http://www.zjupress.com）
排　版	杭州林智广告有限公司
印　刷	杭州捷派印务有限公司
开　本	710mm×1000mm　1/16
印　张	14.75
字　数	233千
版 印 次	2024年11月第1版　2024年11月第1次印刷
书　号	ISBN 978-7-308-23353-8
定　价	55.00元

版权所有　侵权必究　　印装差错　负责调换
浙江大学出版社市场运营中心联系方式：0571-88925591；http://zjdxcbs.tmall.com

译丛序

高等教育是全球经济发展的重要动力源，已为世界各国普遍认可。世界经济的激烈竞争带来的是高等教育的激烈竞争，世界大学排行榜受到各国政府部门和大学的普遍关注。近年来各国对于高等教育教学质量的重视，可从各国的质量框架中窥见一斑，如澳大利亚高等教育质量与标准署（TEQSA）的高等教育标准框架（Higher Education Standards Framework）[1]、英国教育部的教学卓越和学生成果框架（Teaching Excellence and Student Outcomes）[2]、美国卢米纳基金会（Lumina Foundation）的学历资格框架（Degree Qualification Profile）[3]都指向高等教育的培养质量，并作为保障学生利益和维护高等教育声誉的工具。以学生为中心、学习成果评估、能力与素养、真实性学习、服务学习、社区参与、以学生为伙伴、大学教师发展、质量与认证等主题已成为各国高等教育领域共

---

[1] 澳大利亚高等教育标准框架自2011年第一版开始，于2015年、2021年进行了更新。该框架整体设计完整，以法案形式确立并实施。在最新版本中，高等教育标准部分（Part A）主要包括学生参与和获得（Student Participation and Attainment）、学习环境（Learning Environment）、教学（Teaching）、科研和科研训练（Research and Research Training）、院校质量保障（Institutional Quality Assurance）、治理和问责（Governance and Accountability）以及陈述、信息和信息管理（Representation, Information and Information Management）等内容。

[2] 英国教学卓越和学生成果框架迭代于2016年英国政府发布的《知识经济的成功：教学卓越、社会流动和学生选择》（*Success as a Knowledge Economy: Teaching Excellence, Social Mobility and Student Choice*）白皮书。该框架的重点评估标准包括教学质量（Teaching Quality）、学习环境（Learning Environment）以及学生成果和学习获得（Student Outcomes and Learning Gain）等三个方面。

[3] 美国卢米纳基金会的学位资格框架于2011年首次发布，在2014年、2021年各进行了一次更新，已为45个州的400多所院校使用。该框架主要包括专业知识（Specialized Knowledge）、广博的知识（Broad and Integrative Knowledge）、智力技能（Intellectual Skills）、应用和协作学习（Applied and Collaborative Learning）、公民和全球化学习（Civic and Global Learning）等五个学习维度。

同关注的焦点。在与西方传统一流大学的交往过程中，我们也了解到，这些大学无一例外地把本科人才培养质量视为其学校的生命线。

《教育部关于加快建设高水平本科教育 全面提高人才培养能力的意见》（简称"新时代高教40条"）指出，当前，我国高等教育正处于内涵发展、质量提升、改革攻坚的关键时期和全面提高人才培养能力、建设高等教育强国的关键阶段。本科教育教学质量是高等教育的永恒话题，"以本为本"和"四个回归"把对本科教育质量的重视提升到了前所未有的高度。提升本科学生的知识应用、团队合作、创新思维、全球视野、终身学习等能力和素养对于培养担当民族复兴大任的新时代青年至关重要。在竞争日趋激烈的全球经济与社会发展背景中，如何优化本科生的学习体验，如何提升本科生的学习与就业能力，如何提高本科生的生存、发展、担当、作为的可能性，是中国乃至全球共同面临的挑战。

随着我国"双一流"建设重大战略部署的不断推进，一批中国大学和学科进入了世界一流行列，中国高等教育进入了世界高等教育的竞技大舞台。我们尝试在众多西方学者著作中选出8册主题与当前我国高等教育教学改革关系密切的图书，构成"本科教育理论与实践"译丛，希望能够搭起中国高等教育与世界其他国家高等教育沟通、交流的桥梁，对我国高等教育相关人员有所启发和助益。

本译丛包括《以学习者为中心的教学：基于学习研究的实践》《大学生体验：关注高等院校最重要的事项》《大学课程管理：理论与实践》《学生学习评估指南（第3版）》《以学生为伙伴的教学：教师教学指导手册》《整合世界：校外学习促进本科教育变革》《高等教育质量的五个维度：认证和问责的共识性指南》《重构服务学习社区参与的大学教师发展：探索实践的交叉、框架和模式》等共8册，主要涉及高等教育质量、大学课程管理、以学生为中心的教学、真实世界的学习、学生学习评估、大学教师发展等内容，可以为我们回答西方国家特别是美国的高等教育如何应对一个不断变革的世界、本科人才培养质量如何得到有效保障、教师的教和学生的学会发生哪些变化等问题提供一些切入的视角或者部分可供参考的答案。借鉴利用、批判审视国外学者在本科教育领域的研究与实践，对于我们构建高水平的本科教育培养体系、提升本科教育教学水平，进而培养满足建设社会主义现代化强国需要的人才资源具有重要意义。

本译丛预期的读者为大学教师、高等教育管理者、大学教师发展工作从业人员、高等教育研究人员。本译丛可作为大学教师专业发展的研修教材。

为了保证译丛的翻译质量，我们组织了以浙江师范大学中青年学者为主的一批译者，其中既有教学优秀的教师，也有经验丰富的管理者，既有教育学科学者，也有外语学科学者，他们能够相互鼓励、相互扶持、密切合作、共同提高。在翻译过程中，译者在力求学术严谨的基础上，尽量避免晦涩的术语，以满足读者顺畅阅读的需要。当然，限于译者对原著的理解水平和语言组织能力，译丛与"信、达、雅"的要求尚有距离，书中难免存在错误和不当之处，恳请读者批评指正。

本译丛的出版，离不开浙江大学出版社的大力支持，要感谢本译丛责任编辑辛勤而细致的工作，特别要感谢总经理金更达先生的全力支持以及原副社长黄宝忠先生的协调努力。

本译丛系浙江省哲学社会科学重点培育研究基地"浙江师范大学高质量教育发展研究院"成果。

周跃良　周军强

2023年1月于浙江师范大学初阳湖畔

致　谢

首先我要感谢我的妻子——优秀的朱莉叶·多伊尔（Julie Doyle）教授，她不厌其烦地听我谈论本书所尝试的工作并给出了诸多建议。对于本书第五章如何与学生建立良好关系来促成更好的学习，她提出了许多真知灼见，她是这一领域的行家。

我要感谢来自本校和通过会议结识的数以百计的教师们。在过去15年里，当我努力成为一名以学习者为中心的教师时，是他们与我一起对以学习者为中心的相关问题进行深入探讨；是他们对我所做工作的建议、洞见和支持，激励着我撰写此书。我要感谢所有来自李列（LILLY）的朋友，特别是米尔特·考克斯（Milt Cox）、劳里·里奇林（Laulie Richlin）、格雷格·温泽尔（Gregg Wentzell）、吉姆·艾斯纳（Jim Eisner）、芭芭拉·米利斯（Barbara Millis）和罗恩·伯克（Ron Berk），他们与我分享了教与学的观点。此外，我要感谢我的朋友托德·扎克拉杰克（Todd Zakrajsek），他为本书撰写了序言。

我要感谢以下三位朋友的大力支持：迈克尔·格雷汉姆·理查德（Michael Graham Richard）允许我把其有关心智模式的优秀成果放进本书第五章，罗伯特·巴克曼（Robert Barkman）允许我把其有关模式的卓越成果放进本书第九章，马莉莲·隆姆巴迪（Marilyn Lombardi）允许我把其有关真实学习的内容放进第三章。

我特别感激本书的编辑——凯琳·布莱索（Karyn Bledsoe）女士，她的杰出工作帮助我廓清和精炼有关教与学的观点。斯泰勒斯（Stylus）出版公司的约翰·凡·诺林（John von Knorring）为我提供了宝贵机会，让我得以在高等教育社区分享以学习者为中心的教学观点。

最后，我要感谢费瑞斯州立大学提供的学术假，让我能够及时完成此书的写作。我还要感谢我的学生，他们给了我灵感，我从他们身上学到了很多，知道了该如何做一名以学习者为中心的教师。

序　言

　　对于大学教育者而言,在给定学科内容的一节课里,要促进教室里每一个人的智力发展是一项非常困难的任务。一般而言,教师典型的做法是,快速确定每一位学生具有的基础知识,呈现教材的最佳方式,学生如何根据教学材料进行互动并使用这些内容,评估学生对教师所教内容的掌握程度。很少有教师能够通过培训学会如何更好地完成上述任务。因为不具备这方面的知识,教师被迫进行模仿——采用他们最优秀的老师曾经教自己时所采用的方法进行教学。尽管这一方法可以在保障教学基本水平上发挥作用,但它没能建立在教学领域的现实进展基础之上。一代又一代成功的教育者面临同样的挑战。

　　倘若教师参加教育教学课程或其他形式的教育培训,那么他们就不必仅仅依赖于模仿了。模仿被视为最常见的方法,它通过反复试误来提高教学技能。但试误存在两方面问题。第一,我们无法理解为何有的方法能奏效,而有的却不能奏效。即使发现了行之有效的策略,如果在方法学上不能很好理解,那就难以将其成功地迁移到后续的教学挑战中。我见过许多教师对自身使用的教学策略了如指掌,但他们并不清楚为何这些策略在课堂上有效或无效。因此,这些教师把每一项教学的挑战都视为一种独特的体验,必须通过试误法来解决。第二,试误不能推动教学领域取得新进展。大学教师常常在没有意识到当前教育教学研究现状的情况下,就决定在课堂上运用小组教学,一听到主动学习就想着尝试,或者尝试让学生更好地参与学习过程以及具备更强的动机。不参考前沿的研究,简单地在课堂里尝试新方法,在教师怎样教和学生怎样学上都不太可能取得任何有意义的进展,更不太可能推动任何学科的进步。举个例子,假如一位社会心理学家通过给两个小组以不同水平的具体指导,看哪一组项目完成得更好来决定效果,但她根本不参考相关领域的基本文献,那将会多么令人不安。

尽管参考相关文献对促进某一研究领域的发展至关重要,但当文献内容超出个人的专业领域时,往往会令人无从下手。此外,学科研究成果通常会运用该领域的专门术语发表,其往往晦涩难懂,结果运用起来也困难重重。正因如此,通过《以学习者为中心的教学:基于学习研究的实践》一书,泰利·多伊尔在教学领域做出了特别重要的贡献。与泰利的所有工作一样,本书旨在帮助大学教师深入理解如何帮助大学生更好地学习。泰利把教学领域的最新研究成果作为工作基础,但摒弃了难以理解的术语。越来越多的教师认识到投入的主动学习是学生获得新知的最佳途径,他们完全愿意强化标准的课堂讲授,反过来让他们放弃讲授也完全可以。他们面临的主要挑战是:要厘清当前提倡的教学方法中,哪些是基于经验基础的,哪些是基于推测的。换言之,他们面临的挑战是如何找到相关文献。

泰利·多伊尔在本书中明确指出了"研究跟踪"在教学中的重要性。按照他的建议,尽量减少使用看似常识性的做法,因为这些做法实际上可能会阻碍学习。在本书中,泰利总结了与学习关联的依据,这些依据既是可获取的,又是可应用的。他收集了许多策略建议和多种不同案例,以帮助大学教师更好地运用书中的材料。我个人认为,本书的最大价值在于,泰利将教学方面关于最常见挑战的相关研究融会整合。虽然大多数教师都面临着同样的挑战,但他们没有时间进行研究,而泰利做到了。例如,从他曾经作为一名小学教师的经验来看,泰利注意到,对于每一位小学教师而言都很常见的教案,却往往没有引起大学教师的注意。此外,基于丰富的大学教学经验和大学教师工作坊实践,他提出了一些基于自身经验的发现,如让学生理解参与式学习的价值、强调真实性学习、更好地了解课上的学生、促进讨论以及大脑如何保持和回忆信息。本书在研究发现的语言呈现上做到了雅致和易懂两者兼具。

为什么《以学习者为中心的教学:基于学习研究的实践》一书对那些大学教师而言如此重要?理解教育教学研究及其对帮助大学生取得成功的意义,对培养我们下一代的领导者来说尤显重要。**教学不应该是一件需要反复试误的事情**。如果你对此了解不够,那你就不应该从事此项工作。或许说服自己和别人相信跟踪研究的重要性，教和学两者的难以捉摸和令人生畏是最大的挑战，而它们似乎又是如此常识性的、与生俱来的活动。就本质而言，我们所有人即便未经特定训练，也可以教别人和学别人。在街上向路人问路，他会很快告诉你。你提供了对某一餐馆的意见，朋友们就会基于你的意见决定是否去那里用餐。通常，那些未经专门训练就让人去做的工作，人们或许认为本来就不需要专门训练。在美国（一些欧洲国家并非如此），一个人在大学任教之前，可能几乎没有任何资格证书或能力证明，这恰好证实了人们的普遍想法，即大学层次的教学并不需要教育教学方面的学科知识。成功真正所需或认为所需的特定知识对学科声誉是如此重要。教学以最大限度地提高学生学习质量为目的，是一种需要特定技能和知识的职业，应该得到比现在更为严肃的对待。定期参考与吸纳有效教学策略和人们如何学习的研究，对我们所教的学生有用，也有助于我们将来改进这些策略，同时，能使我们的教师生涯容易取得更大的成就和保持更为愉悦的心境。本书为该领域做出了重要贡献，它为那些想要更好地理解怎样有效帮助学生学习的人提供了一个起点。基于证据的方法贯穿本书的始终。

托德·扎克拉杰克

北卡罗来纳大学教堂山分校教师卓越中心执行主任

简　介

在过去的 7 年里，我有幸与 60 多所大学的教师一起工作，我还在大约 50 个地区性、国家性和国际性会议上就以学习者为中心的教学（LCT，learner-centered teaching）做过学术报告。我在这些场合遇到的大多数教师都对改进其教学和转向以学生为中心的实践饶有兴趣。然而，我发现他们往往心有余而力不足。

以学习者为中心的教学：基于学习研究的实践

我写本书的目的是希望能为高等教育领域的同行提供具体技能和策略，促使他们从以教师为中心的讲授教学模式向以学习者为中心的促进学习模式转变。神经科学、生物学和认知科学的研究都清楚地显示，**谁在做事，谁就在学习**。许多教师为学生做了太多的工作，结果却事与愿违，反而导致学生学习能力下降。

在我第一本关于以学习者为中心的教学的书中，我提到了下述问题：教师要求学生在以学习者为中心的课程中显著改变学习方式，但却没有教他们如何改变。我们期望学生担当新的学习责任和采取新的行动，而学生并不具备必要的技能。我指出，如果学生在学校习惯做的事情和一位以学生为中心的老师要求他们做的事情之间存在巨大鸿沟，那么这必定意味着以学习者为中心的方法的失败。

我的理解很简单：我们必须教学生如何在一个以学习者为中心的环境中学习，因为没有其他人会这样做。我认为，教师也存在类似的问题，他们在教学中想要做的事情与实现目标所需的技能和策略之间存在鸿沟。

我把以学习者为中心的教学定义为根据具体问题来决定学生将学什么和怎么学。给定教学环境（如学生人数、上课时间、教室安排等），你的教学决策会怎样增加学生学习课程技能和内容的机会？换言之，你当前选择的课堂活动是学生学习本课程技能和内容的最佳选择吗？这个问题看似很简单，但要得到一个准确答案，需涉及对当前认知和学习脑研究、各种用以提高学生理解和记忆的教学方法及教学策略知识、学生情感关切的识别、有效评估策略的设计、富有成效的交流技能以及其他学习过程相关的重要事项。这些正是本书所要探讨的问题。

《以学生为中心的教学：基于学习研究的实践》的目的是：将研究案例支持的以学生为中心的教学视作最佳办法，最大程度优化大学生的学习。本书源于以下认识，即多数高等教育领域的相关人士仍未理解或接受 LCT 能够优化学生学习的科学发现。例如，当一位积极倡导和运用以学习者为中心实践的教师，在准备一份年度教师奖（Teacher of the Year Award）文件时，我的一位同事评论道，该教师和他的同事在其项目里"不要放那些以学习者为中心的教学素材"。关于这一评论，有三个方面让我印象深刻。首先，这是一份承认自己害怕改变的评述。其次，这是一种抵制性的评述。（谁敢质疑我在课堂上做了20年的事情！）第三，这是一个无知的评述。我说无知，是因为该教师的项目让学生参与到各种真实性学习（authentic learning）体验中；在课堂上使用真实的、基于问题的学习，学生做大量的合作性工作。这些都是以学习者为中心的实践！我相信，那些对转变为以学生为中心的实践感到恐惧不安的同事，实际上比他们自己想象的更接近于以学习者为中心的教师，他们只是不明白 LCT 是怎么回事而已。

我希望本书能促进校园里关于 LCT 运用的讨论。我衷心希望教师们能够认识到，LCT 并非一种激进的新教学法；更确切地说，它是一种实践，它保留了以教师为中心的方法的所有优点，并以与我们的大脑如何学习更好地协调一致的方式应用它们。例如，以学习者为中心的教学吸纳教师作为专家和适当使用讲授法，而这两者都是以教师为中心的教育教学方法的特点。同时，它提供了新的、有效的方法来代替未能优化学生学习的以教师为中心的教学特征。

你将从本书中学到什么？

我将本书设计成每一章均为独立的一堂课，并且紧紧围绕以学习者为中心的教学。每一章都讨论了一个问题，即如何使我们的教学转向以学习者为中心的实践。这些问题源自与我一起工作过的美国和世界各地的高等教育界同行。我相信这些问题反映了大多数寻求优化学生学习模式的大学教师的普遍关切。与其他人相比，我将在本书介绍中更为详细地描述每一章，以方便读者在寻找具体策略或技能时，可以直接找到相应章节。

第一章，"追踪研究"，主要解决以下问题：神经科学、生物学、认知心理学以及最近的进化生物学的研究关于人类大脑如何学习都有哪些进展？这些研究成果在大学教与学中有何应用？本章总结了过去15年的大脑研究成果，以及这些成果在教学中的应用。主要的发现是，**谁在做事，谁就在学习**。如果学生要学习，那么一定是其大脑在工作。我们必须是这项工作的设计者和促进者。

第二章，"让学生去做"，讨论的问题是我们如何让学生做事。它着眼于学生不喜欢做更多事情的原因。一个在以教师为中心的课堂上成功度过了12年的学生，并不总是会因为碰到一种新模式而感到兴奋；在这种模式下，他们不再只是被动地坐着听讲，而是必须在其学习中扮演更为主动的角色。

第三章，"真实性学习的力量所在"，回应了一些人的疑问：我们如何让学生参与真实的学习体验，来模拟他们毕业后将要进入的真实工作世界？我们怎样才能获得真实性学习专家乔恩·米勒所主张的经验？他主张让学生们从学习（learning）历史学、生物学或数学转向真正从事（doing）历史学、生物学或数学。真实性学习体验解决学生的问题，在现实世界中又将如何运用它呢？真实性学习是让学生以有意义的方式应用其知识，从而解决现实世界的问题。本章还包括评估学生学习的方法，通过使用实在的工具，反映了对学生在工作场所和日常生活中运用技能和知识的期望。

第四章，"从讲授者到促进者"，着眼于我们在教学中的角色，关注从知识的讲述者到学习的促进者的转化过程。当教师从以教师为中心或讲授取向的教学方法转变为以学习者为中心的教学方法时，面临的最大挑战是停止讲授后如何让学生仍能学到东西。我们大多数大学教师都经历过一种完全以教师为中心、讲授为取向的教育体系，这种体系有权威的教学设计和统一的教学方法。鉴于我们从过去 15 年对人类学习方式的研究中得出的结论，这并非一种可供复制的理想教学模式。此外，我们许多人在教育教学方面几乎没有接受过正式的指导，即使有，那也是如何有效讲授方面的。因此，我们缺少一个装满学习促进者所需技能的工具箱，尽管我们渴望拥有这么一个工具箱。第四章列出了成为一名学习促进者的渐进方法，并聚焦于至关重要的教案（lesson planning）。根据我一位长期共事的同事基蒂·曼利（Kitty Manley）博士的说法，如果课备好了，有效教学就已完成了 80%。

第五章，"学生是谁？我们该如何更好地了解他们？"我认为，如果要优化学生学习，我们必须更深入了解我们的学生是谁，他们如何学习和怎样学习会更好，这是以学习者为中心的教学的关键所在。本章探讨卡罗尔·德韦克（Carol Dweck）对学生心智模式（mindsets）的研究。要有效地进行教学，关键是要了解学生有何种心智模式（固定型还是成长型），以及如何帮助具有固定型心智模式的学生转化为成长型心智模式。卡罗尔·德韦克 30 多年的研究成果清楚地表明，学生的心智模式对其学习有着深远影响。本章后续探讨的是关系驱动型教学的研究。研究证明，情感联系在促进学生学习方面至关重要。文中讨论了与学生建立信任和有意义联系的具体策略，以及为什么这些联系能够使以学习者为中心的教学蓬勃发展的原因。

第六章，"分享控制和提供选择"，考虑的问题是我们如何才能成功地与学生分享权力。分享权力是以学习者为中心的教学中最重要的方面之一，也通常是教师最为不安的方面。我认为，在分享权力的过程中（通过放弃一部分控制权并为学生提供学习选择），我们可以通过提高学习的参与度来提升学习效果。个人控制感是人类永恒的欲望，它的缺失会带来幸福感的缺失，而幸福感的缺失又会阻碍学习。本章还讨论了给学生提供各种学习选择的具体方法，这些选择可以增强学习动机，激发学习兴趣，进而取得最佳学习效果。

第七章，"教师如何通过非言语方式来促进学生讨论"，我问了这样一个问题：既然三个臭皮匠胜过一个诸葛亮，那么为何讨论是高等教育中使用最少的学习工具呢？有全国性研究表明，仅有 1% 到 3% 的课堂时间用于讨论。具有讽刺意味的是，比起具体从事某项活动，我们的学生将在其职业生涯中花更多的时间与人交谈和倾听。本章探讨如何在教学中加入更多的讨论。我提出了一些建议，如让学生参与和组织课堂讨论，决定由谁来引导讨论，由谁来确定讨论主题，以及设计讨论的评价量表。此外，本章还探讨了讨论组、一对一讨论和大组讨论的相关问题。本章还提供了教师何时以及如何参与课堂讨论的具体建议。

第八章，"教学：触及所有感官"，通过讨论研究成果来回答此问题：人类的感官如何影响教与学？研究表明，当在学习中使用多种感官时，这些感官协同作用，可以促进整个学习过程。本章主要讨论如何使用多种感官技术，尤其是视觉体验，进行教学，因为视觉在学习中的重要性要超过其他所有感官。本章还提出了一些帮助学生更好地利用其感官来改善学习的方法。

第九章，"模式：有效教学的要素"。追踪研究结果发现，大脑是一个模式搜索装置（pattern seeking device），它能够在整体概念间形成联系，寻找相似、不同以及它们之间的关系（Ratey, 2001, p.5）。每一学科领域都有其自身的模式，这些模式代表着信息排列或组织的特定方式。本章调查了大量内容领域的模式，并为教师给出了与学科内容模式相协调的教学方法。针对"如何才能帮助学生使用模式来改善学习"的问题，本章还为教师提供了一些具体建议。

第十章，"复习和精加工"。我考察了记忆研究，它揭示了影响长时记忆的有效性因素主要有两个：一是，信息必须随着时间的推移而重复；二是，如果对信息进行精加工，回忆起来就会容易得多。本章讨论了约翰·梅狄纳（John Medina）、约翰·瑞蒂（John Ratey）、罗伯特·比约克（Robert Bjork）、珍妮特·扎迪纳（Janet Zadina）、丹尼尔·沙克特（Daniel Schacter）的工作，并试图回答：大脑是如何产生记忆的？我们又该如何教学才能使学生以有利于长时记忆的方式学习？

第十一章，"革命要来了？运动、锻炼和学习"。我梳理了进化生物学的研究结果，这些研究结果有力地表明，人类应该在学习时动起来，而不是静静地坐在课桌前。哈佛大学教授约翰·瑞蒂在2008年出版的《运动改造大脑》（*Spark the Revolutionary New Science of Exercise and the Brain*）一书中表示，运动是一个人改善学习至关重要的事。本章回答了以下问题：为什么运动和锻炼有助于学习？我们有什么创造性的方法可以在课堂上组织更多的运动？

第十二章,"一起拥抱以学习者为中心的教学",回应大学教师最常见的问题:当系主任或同事不支持我使用以学习者为中心的教学实践时,我该如何证明我的尝试是正确的?本章概述了为 LCT 提供有力支持的具体论据,并提供了一组捍卫和倡导以学习者为中心的实践。我发现,许多反对 LCT 的人实际上对它知之甚少。本章旨在通过教育来改变他们的想法,让他们支持这种基于研究的、真实的方法来改善学生的学习。

此外,第一、四、八、九和十章均有相应的视频。这些视频可以下载后在视频播放器上观看,也可以访问网站(http://tinyurl.com/learnercenteredvideo)在线观看。

以学习者为中心的教学是基于硬科学的第一教学方法,它代表了我们看待教学过程的一种新范式。作为一名运用最优化方法帮助学生学习的持续探索者,我已经看到不断有研究反复证明 LCT 是对学生学习最大的助力。通过阅读本书,并尝试书中的建议,你也正在证明,你希望通过以现代科学研究为支持的方式服务学生并挖掘其潜力。有了前进所需的技能和知识,你必将成为一名以学习者为中心的教学方法的实践倡导者。

目 录

第一章　追踪研究 ································· 1
第二章　让学生去做 ······························· 15
第三章　真实性学习的力量所在 ····················· 23
第四章　从讲授者到促进者 ························· 40
第五章　学生是谁？我们该如何更好地了解他们？····· 50
第六章　分享控制和提供选择 ······················· 63
第七章　教师如何通过非言语方式来促进学生讨论 ····· 73
第八章　教学：触及所有感官 ······················· 88
第九章　模式：有效教学的要素 ···················· 102
第十章　复习和精加工 ···························· 114
第十一章　革命要来了？运动、锻炼和学习 ·········· 126
第十二章　一起拥抱以学习者为中心的教学 ·········· 134

参考文献 ·· 144
附　录 ·· 170
索　引 ·· 173
译后记 ·· 213

第一章　追踪研究[①]

当积极探索世界时，你大脑的各个区域都会打开，而且功能上还会相互连接。

——转引自诺尔特（Nauert, 2010）

人人都会问：为什么教师应转变其教学方式为以学习者为中心的教学方式？答案其实很简单。15年来，神经科学、生物学和认知心理学关于人类如何学习的研究告诉我们一个有力而独特的结论：**谁在做事，谁就在学习**（Doyle, 2008）。研究结果表明，传统的以教师为中心的教学模式，教师做了大量工作，效果却不尽如人意，甚至对学生的学习还起反作用。因此，我们需要一种新的方法，让学生来完成大部分的学习任务，这种方法就是以学习者为中心的教学模式。

谁在做事，谁就在学习

以学习者为中心的教学（LCT）考虑的是如何优化学生的学习机会，这意味着我们要规划出教师做此项工作的最佳路径。学习是大脑神经元网络的一种变化，这是为大家普遍接受的有关学习的定义（Goldberg, 2009；Ratey, 2001）。为了实现这种变化，学生必须集中注意力，积极调动他们的大脑来处理新的感

[①] 如需查看本章相关视频，请访问http://tinyurl.com/learnercenteredvideo。

官输入信息。如此，就不会存在被动学习。认知神经科学家珍妮特·扎迪纳在她的研究报告中说，如果学生的大脑正在学习，那么他们大脑中的神经元（特别是树突）就会产生新的细胞物质。这种新物质是新的神经联结的开始，这种联结代表着新信息的产生。她还指出，如果新信息不被使用或练习，大脑将把产生的新的细胞物质重新吸收回去。扎迪纳明确表示，大脑很善于保存资源。因此，学生提升学习的唯一方法是积极参与学习教师所教的内容和技能，然后在很长一段时间内使用和练习这些内容和技能。这一实践能形成新的神经联结，并转化为学习材料的永久表征。这意味着大多数时候，学生需要的不仅仅是听课，还需要动手实践。

阿鲁姆和洛克萨（Arum & Roksa, 2011）在其所著新书《学术漂移：大学校园的有限学习》（*Academically Adrift: Limited Learning on College Campuses*）中，运用"大学生学习评估"（Collegiate Learning Assessment, CLA）工具对学完两年课的大学生进行了测试，结果发现学生并没有学到多少东西。在参与调查的3000名学生中，45%的学生在学习两年后并未取得明显进展，而36%的学生在学习四年后几乎没有什么改变。CLA并不测量内容的习得，只测量核心成果，包括批判性思维、分析性推理、问题解决以及写作能力。这些糟糕的测试结果与学生被要求花在学习上和功课上的时间直接相关。学生报告说，他们每周花在学习上的时间仅7%，而花在社交上的时间则达51%。35%的学生表示，他们每周花在自学上的时间不超过5个小时，而那些将额外时间花在小组学习上的学生收获也很小。50%的学生说，在一门时长为一学期的常规课程中，他们写的材料没有超过20页，32%的学生说他们每周的阅读没有超过40页（Arum & Roksa, 2011）。尽管这只是一项研究，一些高等教育专业人士也对此项研究的某些方面提出质疑，但这些发现有力证明了我们需要让学生做更多的实践工作，这也是以学习者为中心的教学的一个目标。

对讲授法使用的澄清

在讲述新内容之前，我们必须对以学习者为中心的实践和讲授法的运用进行重要澄清。在以学习者为中心的实践中讲授法占据重要的地位。学生总是需要老师来解释复杂难懂的信息，并给出恰当的例子来帮助学生将新信息与背景知识联系起来。这仍然将是大学教师的一项重要任务。然而，在以学习者为中心的实践中，讲授法的使用需要遵循一个简单的原则：讲授法是和学生谈论他们自己无法学到的东西。当寻求优化学生的学习时，教师做决定时必须谨慎，决定学生何时需要倾听，何时需要自行尝试解决问题。第八章将讨论如何通过学生的多感官体验，使讲授成为一种更为有效的教学工具。

LCT 的目标

以学习者为中心的实践的目标是创设学习环境，增加学生关注和积极参与真实的、有意义的和有用的学习机会。此类学习激活了大脑中负责驱动我们对动机、奖励和行为感知的回馈路径。回馈路径释放多巴胺，给我们带来一点快感，诱使我们重复行为（遗传科学学习中心，Genetics Science Learning Center, 2010）。激活这一路径是成功学习的关键所在（Zadina, 2010）。有点讽刺的是，在为学生提供答案或解决学生问题方面，教师越"乐于助人"，学生实际学到的越少。我说"讽刺"，是因为许多学生希望其老师做的事情，也是许多老师喜欢做的事情，就是提供教育实践的解决方案。这可能就是为什么以教师为中心的教学可以持续几个世纪，至今仍是高等教育领域常规做法的原因。它使每个人都快乐。但仅仅让每个人都"快乐"，并不能使它成为一种有效的教学方法。

追踪脑研究前沿是责任所在——一种个人的体验

1995 年，我阅读了俄勒冈大学（University of Oregon）教育学教授罗伯特·西尔维斯特（Robert Sylwester）的《神经元的狂欢》（*A Celebration of Neurons*）一书。这是我读的第一本关于人类大脑和学习的书。西尔维斯特博士在书中首先指出一点：我们在教学决策时所依据的信息，更接近民间传说而非科学。2009 年，法国神经学家斯坦尼斯拉斯·德阿纳（Stanislas Dehaene）写的《用脑阅读》（*Reading in the Brain*）一书，让我更加强烈地感受到了这一点。作为一名训练有素的阅读课教师，我渴望了解神经科学对阅读过程的研究发现。认真学习后我发现，不仅是时候重新思考阅读的教学方法，还应该重新审视多年来我给许多患有阅读障碍症患者学生提的建议。

  一个多世纪以来，阅读障碍一直被认为是人类大脑视觉处理领域的问题之一。阅读困难症患者有一个共同的症状，就是很难以正确的模式来识别词汇。因此，这一认识在过去一直被视为合理的。例如，一个阅读障碍症患者，他（她）眼中所见的往往是他（她）现在所想的。近百年来，奥顿协会（Orton Society）一直致力于帮助阅读障碍症患者，而其工作基础就是把阅读障碍当作一种视觉处理问题。然而，德阿纳明确指出，脑研究表明阅读困难实际上是一个听觉处理问题（Dehaene, 2009）。具体而言，阅读障碍症是一种阅读缺失，可以归结为单字解码的问题，这本身是由字母—音素转换性障碍造成的。换言之，它是一个语音处理问题（Dehaene, 2009, p. 239）。为何愿望良好却拥有错误认知的老师和阅读专家如此之多呢？大脑成像工具可以显示出阅读困难症患者脑中到底发生了什么，但当时还没有这种工具。最好的猜测也只是猜测，而且这些猜测是错误的。关于这些错误猜测，积极的部分是：正因为它们，我们现在知道了大脑有很强的可塑性，并且有很多闲置系统，特别是儿童的大脑。我们通过设计培训项目来教孩子们使用大脑中的其他系统来克服阅读障碍症所表现出的一些问题（Dehaene, 2009, p. 258）。

  此外，德阿纳也给我上了另外一课。自从1985年我读了印第安纳大学教授弗兰克·史密斯（Frank Smith）的《摆脱无意义阅读》（*Reading Without Nonsense*）一书后，我就一直坚信要用一种整体语言方法来教孩子们阅读。史密斯强调，学习者需要把注意力放在意义和策略教学上，语言被视为一个完整的意义创造系统，各部分以相互关联的方式发挥作用。目标是让学生沉浸在阅读过程中，让他们相信，通过反复接触，他们会获得成功所需的阅读技能。自然拼读被认为会降低阅读速度。然而，正如德阿纳博士所指出的，对大脑的研究并不支持整体语言方法。研究结果表明，自然拼读很有必要，因为它改变了大脑处理语声的方式。这一发现意味着，教师必须明确地教学生将书面文字转化为音素串的关键过程。大脑处理语音的方式并不仅仅是通过沉浸到语言中来实现的。这些来自神经科学的研究发现促使我重新思考我对待那些阅读能力严重受限的学生的方法。现在我已把对语音活动的指导纳入教学。如果我想要优化学生的学习，那么我就需要跟踪相关研究。

从坊间传说转向科学的另一有力例子来自阿迪提·尚卡达斯（Aditi Shankardass）博士的工作。尚卡达斯博士是一名跨神经生理学、神经解剖学和神经心理学三个学科领域的神经科学家。当前，她主持着加州州立大学交流障碍系（Communicative Disorders Department at California State University）的神经生理学实验室（Neurophysiology Lab）的工作。尚卡达斯博士的工作已经投入使用一种高级的数字量化脑电描记（electroencephalography, EEG）技术，实时记录大脑的活动，然后使用复杂显示图表和统计学与常态进行比较分析，从而使儿童发育障碍的诊断更加准确。尚卡达斯博士报告说，被误诊为孤独症和其他发育障碍症的人多达50%。一些被诊断为孤独症的儿童实际上患有轻微癫痫（micro brain seizures），这种病与孤独症症状相同，但可以通过药物治疗（Shankardass, 2009）。尚卡达斯博士的工作为我们提供了一个强有力的例证——目前认为能够帮助学生学习的最佳方式的许多假设，实际上可能会限制他们发挥潜力。作为大学教师，特别是已接受规范研究训练的我们，更应该追随研究，让其引领我们的方向。

脑研究能给学生学习带来什么？

首先，要慎重对待信息

有关大脑的基本信息，来自研究脑组织的生物学家、研究行为的实验心理学家以及研究两者关系的认知神经科学家（Medina, 2008）。大脑系统与复杂认知、行为之间的关系，只能通过关于神经系统各个层次组织（从分子、细胞和回路，到大规模系统及物理和社会环境）的理论和事实的全面融合来充分解释。无论单一层面的数据如何可靠，我们都必须注意不可只依赖它来进行解释（Damasio, 2001）。

布朗大学（Brown University）的神经科学家彼得·斯奈德（Peter Snyder）在2010年《新闻周刊》（Newsweek）的一篇文章中警告说，许多关于认知进展简单粗暴的研究成为新闻，但经得起时间考验的严谨且精心设计的研究数量却少之又少。此外，他写道，"现在有点像那狂野的西部"（Begley, 2011），几乎每天，我们都能看到关于新事物的报道，在报道中这些新事物能使我们变得更聪明，或使我们的大脑更年轻或更健康。但事实往往大不一样。例如，2010年美国国立卫生研究院（National Institutes of Health）对维持或改善认知功能的方法进行了评估，结果发现，维生素 B_6、B_{12}、E 以及 β- 胡萝卜素、叶酸和流行的类黄酮抗氧化剂在增强认知功能方面都是无效的。研究发现，酒精和欧米伽-3 脂肪酸（鱼类中的脂肪酸），以及建立庞大的社交网络，在提升认知能力方面的作用也是极为有限的。对他汀类药物价值的研究发现，他汀类药物并不能增强认知能力，雌激素或非甾体抗炎药（阿司匹林、布洛芬等）同样也不能。斯奈德还在《新闻周刊》的文章中建议，我们应该对那些通过增加脑部供血使我们更聪明的做法持怀疑态度：没有证据表明超过正常供血量对大脑更起作用。

我们知道些什么？我们能变得更聪明！

得克萨斯大学（University of Texas）神经科学家詹姆斯·比布（James Bibb）是 2010 年神经科学学会"认知增强策略"研讨会的组织者之一。他说，"神经科学家已经在突触和回路层面上积累了有关认知机理和分子基础的丰富知识，用以说明哪些过程有助于认知增强"（Begley，2011）。什么是认知增强？它们是通过行为、药物、营养或其他刺激，帮助大脑产生更多的神经元或突触，并产生更高水平的神经形成（新神经元的生长），特别是在形成记忆的海马体上。它们还增加了脑源性神经营养因子（BDNF）的产生，刺激神经元和突触的形成。神经元和突触的形成能促进学习、记忆、推理和创造。例如，擅长某项特定任务的人有更多的突触，从而使其大脑回路更有效率（即使认知需求增加，也会只用较少的能量），容量越大灵活性越强（Begley，2011）。

神经可塑性

于教育工作者而言，关于人类大脑最重要的研究成果之一是大脑的神经可塑性。神经可塑性是指人类大脑由于个人体验增加新神经联结而改变和产生新神经元的能力，这正是"谁在做事，谁就在学习"的证明。神经科学家说，这些神经联结和新神经元的增加使我们更聪明。

大脑主动关注的信息是新神经元生长的关键。例如，已经掌握的技能并不能使我们变得更聪明，因为我们几乎注意不到它们。然而，新的、需要认知的活动，如学习一门外语或首次学习经济学课程，更有可能提高处理速度、加强突触、扩展或形成功能网络（Begley，2011）。我们一直知道，教学生学习，必须吸引他们的注意力。这一发现更增加了我们的可用知识。

教育工作者感兴趣的另一领域是认知训练。人们相信，让大脑参与认知训练可以提高智力水平。据此理念，人们拓展了大量新业务。研究表明，这是正确的。然而，记忆训练、推理能力或处理速度只能提高它所关注的特定技能，而不能推广到其他任务中（Stern，2009）。换言之，做填字游戏只会让你更擅长做填字游戏。科学家最感兴趣的是那些能提高整体记忆、推理能力或处理速度的活动或药物。

我们还知道些什么？

白日梦和注意力

我还记得上小学的时候，修女们对那些做白日梦的学生是多么生气，她们认为做白日梦是"懒人"的表现。我不禁想知道她们会如何看待下述研究。关于心智游移（mind wandering）的研究表明，即使是最简单的任务，人们也很难保持几分钟注意力，尽管他们知道在心智游移时会犯错（Smallwood & Schooler，2006）。最近的研究表明，走神也可以是积极的，因为它可以让我们完成一些重要的思考。我们的大脑处理信息以达到目标，但有些目标是即时的，有些是遥远的。不知何故，我们已经进化出一种方式，可以在处理当前目标和考虑长期目标之间进行切换（Smallwood & Schooler，2006）。人们在心智游移时产生的大多数想法都与未来有关，这或许并非巧合。更能说明问题的是，"走神"（zoning out）可能是最有效的心智游移类型。使用功能性磁共振成像（fMRI）的研究发现，在走神期间，大脑默认网络和执行控制系统，甚至比在意识不那么极端的心智游移期间还要活跃。甚至，在未意识到自己的心智在游移时，我们更有可能最深刻地思考大局（Smallwood & Schooler，2006）。

多任务处理与学习

在当前世界，如果你被认为是一名多任务处理者，这几乎相当于授予了你一枚荣誉徽章。这有点像脑力超人。唯一的问题是，当涉及需要大脑注意力的各种活动时，同时进行多任务处理是无法做到的（Foerde, Knowlton & Poldrack, 2006）。意识到注意力是学习的关键，这是一个非常重要的发现。多任务处理与科学家所知道的关于记忆如何工作的一切是相冲突的。影像学研究表明，记忆任务和分散注意力的刺激涉及大脑的不同部分，而这些区域之间可能相互竞争（Foerde, Knowlton & Poldrack, 2006）。大脑努力让我们误以为它一次可以做不止一件事，但实际上它不能。当我们试图一心两用时，大脑会暂时中止一项任务，同时尝试做另一项任务（Dux, Ivanoff, Asplund & Marois, 2006）。

切换任务

相反，如果我们将多任务定义为成功地处理需要执行多个任务的情境，适当地转移注意力，并确定各项任务的优先级，那么可以准确地说，许多人已经具备了这种技能。实际上，许多工作需要成功的多任务处理者，他们能够将注意力集中在当前最需要注意的任务上，然后在任务优先级发生变化时进行调整。正是多任务处理的后一特性，表明了它与适应性表现之间的自然关系；适应任务优先级变化的能力对有效的复杂任务表现来说至关重要（Oberlander, Oswald, Hambrick & Jones, 2007）。很显然，快速切换任务是一项重要的技能，许多学生都擅长此道，然而，即使是这种形式的多任务处理也有其不足之处。密歇根大学（University of Michigan）神经科学家马克·伯曼（Marc Berman）的研究表明，处理大量信息会让人精神疲惫。即使人们觉得愉快，甚至放松，处理多个任务实际上也是在使自己进入疲劳状态（Berman & Kaplan, 2010）。大脑疲劳的短处是我们的大脑需要运用直接注意力才能进入学习模式，当大脑疲劳时，学习就变得非常困难。解决方案之一是在自然环境中散步，可以补充我们的注意力，进而恢复我们的心智能力（Berman, Jonides & Kaplan, 2008）。伯曼和卡普兰的研究还发现，人的易怒通常是由大脑疲劳引起的。当学生不高兴时，也许只是他们的大脑疲劳了。

休息时间（downtime）与学习

加州大学旧金山分校（University of California at San Francisco）的神经科学家洛伦·弗兰克（Loren Frank）在2009年的一项研究中发现，在进行新的学习之后给予老鼠休息时间，其大脑可以巩固新的学习体验，并在清醒状态下将其转化为永久的长时记忆。过去，人们认为长时记忆只会在睡眠中形成。弗兰克报告说，如果大脑没有得到休息时间，记忆固化和形成过程就不会发生。他在研究中指出，这些发现或许也适用于人类的学习过程（Karlsson & Frank, 2009）。纽约大学（New York University）神经科学家莱拉·达瓦奇（Lila Davachi）2010年的一项研究发现，在学习新知识后的休息期间，大脑中学习时活跃的区域依然保持活跃，尤其是在任务特别需要记忆的情况下。她指出，休息和学习的相关性越强，在后续测试中记住任务的概率越大。达瓦奇在研究中提到，课后休息一会可以帮助学生记住刚学的信息。"当你休息的时候，大脑仍在为你工作，所以休息对记性和认知功能来说非常重要（Hamilton, 2010）。"

药物与学习

当我向教师介绍尼古丁可增强注意力，它是吸烟者和非吸烟者神经可塑性和认知表现的关键驱动力时，我往往收到各种关切的反馈，如："你确定这是真的吗？""我不认为这应该与我们的学生分享。"尽管有这些担忧，美国国家药物滥用研究所（National Institute on Drug Abuse, NIDA）在2010年对41项安慰剂双盲控制研究的分析报告中指出，尼古丁对精细运动技能、短期记忆的准确性、某些形式的注意力和工作记忆以及其他基本认知技能具有显著的积极影响。NIDA得出结论，这些改善可能代表了真正的表现提升和有益的认知效果。原因是尼古丁与神经递质乙酰胆碱的大脑受体相结合，乙酰胆碱在大脑皮层回路中扮演着关键角色（Begley, 2011）。研究结果还警告说，吸烟与痴呆等数十种健康风险有关。我在撰写本文时，研究所对使用口香糖或贴片中的尼古丁的研究尚未完成。

阿德拉（Adderall）和利他林（Ritalin）

像阿德拉和利他林这样的兴奋剂，在认知方面具有一定的好处，至少对一些人的特定任务来说是这样。研究表明，这两种药物都能促进单词记忆和工作记忆，而它们对流体智力（fluid intelligence）起着关键作用（Begley, 2011）。2005年，麦凯布、奈特、泰特和威克斯勒（McCabe, Knight, Teter & Wechsler, 2005）实施的一项调查表明，美国大学中有近7%的学生使用处方兴奋剂来帮助学习和研究，而在一些大学中，在过去一年里有多达25%的学生使用处方兴奋剂。这两种药物，通常是治疗注意缺陷多动障碍（attention deficit hyperactivity disorder, ADHD）的处方药，它会增强人的机体功能，提高注意力和在工作记忆中有效处理信息的能力，灵活控制其反应的能力（Sahakian & Morein-Zamir, 2007）。一定要注意，我们不会向健康的人推荐服用处方药，且病人向他人出售阿德拉或利他林等处方药是违法的。我提醒那些没有注意缺陷障碍（attention deficit disorder, ADD）或注意缺陷多动障碍的学生，30分钟的有氧运动（见第十一章）会比这些药物更能让他们集中注意力，提高他们的学习和记忆，既不需要花钱，也不至于违法。

三种增强认知的有效办法

下述三种方法已经得到很好的验证，表明它们能增强认知功能。它们是运动（exercise），尤其是有氧运动（aerobic exercise），冥想（meditation），还有一些电子游戏。我将在第十一章中讨论运动在促进学习方面的重要作用。利用运动来促进学习是一个令人非常振奋的发现，它可以对我们如何帮助学生学习，甚至如何进行课堂教学产生重大影响。

冥想可以增加控制注意力和处理外部世界感觉信号的大脑区域厚度（Jha, 2011）。冥想已在通过改变大脑结构和功能来提高思维敏捷性和注意力上获得成功，从而使大脑运转得更有效率，这是一种与高智商相关的特质（Jha, 2011）。这个发现对我们的学生来说很重要。有关冥想对大脑的积极影响的研究并不仅仅来自神经科学。事实上，来自健康科学其他领域的研究已经证明冥想有益健康，如缓解压力（Nidich et al., 2009）。

哥伦比亚大学（Columbia University）神经科学家雅科夫·斯特恩（Yaakov Stern）发现，一些电子游戏可能会提高一般的思维敏捷性（Begley, 2011）。游戏需要运动控制、视觉搜索、工作记忆、长时记忆、决策、注意力，特别是在不同任务之间控制和转移注意的能力，可以增强认知能力。虽然经考证的游戏数量非常有限，但是研究表明，玩此类游戏的人在记忆力、运动速度、视觉空间技能和认知灵活性等方面的测试中成绩更好。

基于大脑的学习时代已来临

哈佛大学设立了智力、大脑和教育的硕士学位，这一重要迹象表明高等教育已经开始将神经科学的发现融入教学中。哈佛的使命是发起一场运动，让认知科学和神经科学融入教育，如此就可以让教育工作者学会将研究和实践相融合。

进化与学习

关于人脑最重要的认识之一来自对人类进化的研究。自然选择偏好能够解决在不稳定的户外环境中有关生存问题的大脑，并且在几乎恒定的运动中解决这些问题（Medina, 2008）。这让我们教育工作者明白，之前对课堂模式的理解似乎是完全错误的。学生大脑发展最好的时候是运动的时候，而不是坐着的时候。这一发现给"主动学习"的概念带来了新的意义。正如第十一章中进一步详细讨论的，大量的运动（有氧运动）是学生提高其学习效率的最佳途径之一。

有无可能在运动中教学生学习？这是学生更好的学习方式吗？至少在某些情况下，答案是肯定的。明尼苏达罗切斯特梅奥诊所（the Mayo Clinic in Rochester, Minnesota）的鲍勃·内利斯（Bob Nellis）进行了一项关于"无椅课堂"好处的研究，发现学生在这种积极的学习环境中更有活力，也更投入。想要移动的学生能够移动到想去的地方，但他们以不打扰他人的方式实现了移动（Pytel, 2007）。在美国各地，数十项研究正在进行中，其中课桌被换成了普通的桌子，而椅子被换成了健身球或稳定球。当学生坐在球上时，他们可以自由地小范围移动。研究清楚地表明，即使是少量的运动，对学习也有好处（Ratey, 2008）。密歇根州大峡谷州立大学（Grand Valley State University）运动科学系教授约翰·基尔伯恩（John Kilbourne）在 2009 年的大学课程中运用了稳定球。他对班上 52 名学生从椅子上到稳定球上的变化进行了调查，发现 98% 的学生更喜欢坐在稳定球上。学生提到了注意力、专注力、记笔记、参与课堂讨论和考

试等方面能力的提升。"他们说这些球提高了他们的专注力和注意力,一切都变得更好了。"(Kilbourne, 2009)

在全国各地的校园访问中,我经常问老师如何将更多运动融入学生学习过程。我收到过各种各样的想法,从允许学生在讨论阅读材料时走动的移动讨论组,到让学生在房间里走动以评估张贴在白板或新闻纸上的同伴的发现。如果要增加学生的学习机会,那就需要对如何将运动融于课程进行创造性思考,这是引领我们的研究方向。

做这工作时,三个臭皮匠胜过一个诸葛亮

人类进化研究也为证明人类的生存依赖于人类的共同努力提供了强有力的证据。如果人们不互相帮助以适应新环境或解决新问题,他们就无法生存。与他人合作使生存成为可能。最好由多人来盯着一只饥饿的老虎,或者由四人来攻击一只猛犸象,而不是一个人。与生存本能完全一致,让学生以小组、团队、三人组或配对的方式完成作业起源于人类的进化。第七章将更详细地讨论小组作为以学习者为中心的学习工具的使用。分享合作是人类天性的组成部分,对其生存很重要,在学习环境下,则对其学术生存也很重要。

试试这个例子

下面是一个简单的例子,可以用在你的学生身上,来说明与他人一起工作并向他人学习的价值。让你的学生在头脑中把17和55这两个数字相加。一旦他们完成此任务,就开始调查学生如何解决这一简单的认知问题。问一下有多少人把数字加到列中,把进位1加到10这列,就如同他们在纸上做的一般。然后问有多少人把55加10等于65,然后再加上7等于72。最后,问一下有多少人在55的基础上加20减3等于72。你也可以问是否有人用了其他方法。有时,你会得到一些有趣的答案。这个练习表明,即使是最简单的认知过程,人们也会有不同的想法,也会使用不同的工具来得到答案。这意味着,在与他人合作的过程中,常常会学到一些不同的东西。在此特殊情况下,那些使用列的学生可以从那些加10或加20再减一个数的学生那里学到一种更有效的计算方式。在多数情况下，多人比单人表现更好（Medina, 2008）。

实践是学生形成长期记忆的方式

正如在本章前面所提的，如果学生大脑要发展新的神经网络，他们就必须长时间地使用我们所授的新信息和新技能。这对新网络的建立和最终永久性保持都是不可或缺的（Ratey, 2001）。如果缺失使用和练习，大脑就会重新吸收新的细胞物质，神经网络也就不会形成（Zadina, 2010）。这一大脑研究成果在教学中的应用是显而易见的。我们必须设法让学生随着时间的推移使用和练习所学的新的课程材料。传统方法是让学生被动地听讲座，然后利用短时间的死记硬背强化学习，以此来应付一学期三到四次的考试，这并不会让学生形成新的神经网络。填鸭式学习不会促使持久神经网络的形成，因为该过程所需的时间和练习次数根本不够（Medina, 2008, p. 125）。加州大学洛杉矶分校（UCLA）的心理学家和记忆研究者罗伯特·比约克（Robert Bjork）将学习定义为"使用长久未用的信息的能力，是利用这些信息解决与最初教授环境不同（即使只是稍微不同）的问题的能力"（Bjork, 1994）。按照定义，允许填鸭式的教学方法不符合学习的定义。死记硬背只会给学生带来空洞的胜利。他们往往能获得及格分数，但在一周之后便不能回忆起或使用大部分信息（Bjork, 1994; Ebbinghaus, 1913）。

每当学生使用新信息时，其大脑会为代表这些信息的神经元建立更强、更快的联结（Ratey, 2008, p. 39）。这就是让我们的学生在课程中做大量实践是如此重要的原因所在。哈佛大学心理学家丹尼尔·沙克特（Daniel Schacter）在他的著作《记忆的七宗罪》（*The Seven Sins of Memory*）中提出了一个关于长期记忆形成的同样重要的发现。沙克特博士报告说："无论是好是坏，记忆在很大程度上取决于我们的展开加工。"如果学生要形成长时记忆，他们需要以各种方式使用新信息（阅读、解码、写作、总结、注释、说、听、映射、反思等），使他们可以通过许多不同的神经网络回忆这些信息。换言之，他们需要做大量的工作来回忆这些信息。在第十章中，我将深入研究记忆的形成和提取过程，并提议将研究发现应用于促进长时记忆的教学实践。

跟随研究成为专业人士

2010年,在俄勒冈的一次研讨会上,有人问我如何看待对教师教学工作的评价。我认为这个问题之所以被提出,是因为提问者有一位同事,他(她)认为管理部门是想通过评价来解雇表现糟糕的教师。我回答说:"作为专业人士,我们应该像其他专业人士一样接受评价。"我接着说,我们应该欣然接受它作为一种改善教师教学和学生学习的方式。作为专业教育工作者,我们有责任保持实践标准,当研究证明新的实践有效时,那就意味着有必要改变我们的教学。我们有责任跟随研究的方向。如本章所述,有大量的研究支持我们向以学习者为中心的实践转变。

第二章　让学生去做

别把运动和进步混为一谈。不停摇摆的马不会往前迈出一步。

——阿尔弗雷德·A. 蒙塔培尔特（Alfred A. Montapert）

去年冬天，在我上的一门学习策略课程中，我与一名叫 KM 的学生发生了一场小冲突。当时，恰好有一位老师来听我的课，所以这场短暂的冲突更具戏剧性。冲突的起因是我要求 KM 摘掉耳机听课。一开始他只摘了一个耳塞，所以我又要求了一次，然后他摘下另一个耳塞，但又把帽子拉下来遮住眼睛，显然是在抗议。我客气地请他拉起帽子，但他却非常无礼地朝我吼道："离我远点！"事情发生后不久，我邀请 KM 到我的办公室讨论到底发生了什么。他对我说的第一句话是，一切都是因我而起。他说我无权要求他摘掉耳机或拉高帽子。然后，我向他解释说，作为一名教师，最重要的任务之一就是维护课堂的学习环境，让所有学生都能准备充分地投入学习中。我继续说，戴耳机表明他没有做好学习准备，同时在向其他学生传递一个信息，即他们也可这么做。我解释说，没有做好学习准备是不可接受的，这与上大学的初衷背道而驰。接下来发生的事，是本故事的重点。KM 告诉我，他从来没有听说过老师的任务是维护学习环境，或者老师至少应该让学生"看起来"已准备好要学习了。我告诉他，我确信这是我的任务，事实上，我在全国各地指导其他教师时，认为这是他们任务中最重要的内容之一。他回答说："好吧，我之前从没听说过。"

为什么学生可能不喜欢动手做

与 KM 的对话使我想起为何要写第一本关于以学习者为中心的教学（LCT）的书。因为，在很大程度上，我意识到学生还没有准备好接受 LCT 所要求的新的责任和更大的努力。在第一本书里，我写道：以学生在校十二年或更长时间为基础，学校该是什么模样，学生有其一套非常具体的想法。当有人说那样的角色必须改变时，正是在引入以学习者为中心的实践时所要发生的，学生的反应往往是不接受甚至是带有敌意的。十二年，对一种做事方式来说已是一段很长的时间，特别是我们许多学生通过这种方式已经获得了高分和荣誉。

学生通常会抗拒，至少在刚开始的时候，更多的角色和责任带来的是更多的工作，因为之前的学校环境从未如此要求过。以教师为中心的教学只需要学生做少量的工作，学生常常连续几周无需为交作业或参加小测验而学习。转变为以学习者为中心的实践后，工作是有规律的，课堂时间被用于尝试解决问题和处理复杂观点，而不是听讲座，这是一种截然不同的上课形式。这是一个需要帮助学生适应的问题。正如我们所知，改变不可能一蹴而就。

帕特里夏·克罗斯（Patricia Cross）是高等教育学习研究领域举足轻重的领军人物之一，她在 2001 年的一次会议上谈到了美国学生对努力的看法。她说："美国传统文化的一个怪异之处，特别是青年文化，就是认为懒惰总比愚蠢好。因此，在课堂的竞争中，学生更喜欢被视为通过能力而不是努力获得成功。"（Cross, 2001）换言之，学生倾向于认为，"如果我必须努力学习，我一定不是那么聪明。"以学习者为中心的教学需要更加努力，而学生并不总是能为新的要求做好准备。

让学生做任务的策略

本书的若干章节详细介绍了让学生做更多任务的方法。但是，这里有一些便捷易行的方法可以让学生马上开始做更多的任务。

累积性测试

在第一章中，我讨论了要如何通过实践来形成长期记忆。通过强迫学生回顾和重学（在大多数情况下，我指的是重新学习，而不是复习之前测试过的材料），我们提高了学生达到罗伯特·比约克所定义的学习的可能性：使用长久未用信息的能力。多项研究表明，累积性测试是一种改善长久保持的卓越机制（Cull, 2000; McDaniel & Fisher, 1991; Pashler, Cepeda, Wixted & Rohrer, 2005）。这些研究表明，当学习者被要求回忆信息而不是简单地重新学习时，学习效果往往会得到加强（Roediger & Karpicke, 2006）。

通过关注课程每个部分中最重要的两到三个点，并对这些要点进行重新测试，你就为促进长时学习提供了一个有效机制。有一个好方法是问问你自己，你最希望学生在学完所教课程一年后知道并使用些什么？此问题的答案就是你应该不断重新进行测试的内容。

建立一个维基（Wiki）站点

让学生做更多自己的工作的一个好办法，是建立一个维基站点或其他适切的在线环境，作为学生考试复习的空间。在线空间可以让学生发布课程信息、对课程内容的问询以及可能的测试问题，如此一来班上的所有人都可从中受益。因为这是一个开放的网站，它可以被监管，并且可以添加或修改材料。它基本上成为学生的考试复习材料。这样的在线空间可以节约课堂时间用于其他活动，因为课内的考试复习时间已不再需要。

论文重写

允许学生重写论文，并要求对论文提出的修改或更正意见，都必须在重写中得到体现。重写是一个强大的学习工具，显然符合让学生做任务的目标。

重新测试

提供重新测试的机会。对教师而言，尽管重新测试需要投入更多时间和精力，但它会促使学生全身心地投入课程内容中。重要的是要让学生明白，重新测试所能带来的水平提高可能是有限的。这里有一个有效的策略：让第一次考试占最终分数的70%，而重复测试只占30%。例如，如果一个学生在第一次满分100分的测试中得到了69%的分数，则他（她）在最终分数的70分中得到了 69%，也就是 48 分。即使他（她）在重新测试中得到满分，他（她）的最终分数也将是 78 分。

练习小测验

有些教师分享，让学生做大量练习的最佳方法之一是提供课程内容的习题库。已经有 30 多个实验研究测量了本策略对提高大学生学术表现的效果。这些研究结果反复表明，对学过的内容进行测试有助于在期末考试中记住这些材料。几项研究表明，测试不仅能强化学习，还能降低信息被遗忘的速度（Chan, McDermott & Roediger, 2007）。像毕博（Blackboard）这种在线教学平台，就是为了允许这种测试实践而开发的。根据题库的大小，学生可以参加无数次测验，并立即得到反馈，这是学习课程内容的一个强有力的方法。

映射图

第八章将讨论在教学中使用多感官方法的效用。概念映射是此类学习的有效工具。让学生做更多任务的一个有效方法是要求他们把课堂笔记和章节阅读做成映射图。这些映射图将为学生提供课程概念的视觉呈现。当涉及学习时，视觉胜过所有其他感官（Medina, 2008）。这些映射图通常按照重要度降序排列，呈现了在常规课堂笔记或文本材料中很容易被忽略的观点之间的关系。

让学生做工作的脚手架法

在实施一种让学生做更多任务的教学模式时，教师面临的一个关键问题是——要确保学生拥有完成任务所需的技能和背景知识，同时又不会因为提供太多帮助而影响他们的自主学习。其中一个解决方案来自三位心理学巨匠——让·皮亚杰（Jean Piaget）、列夫·维果茨基（Lev Vygotsky）和杰罗姆·布鲁纳（Jerome Bruner）的研究，他们将这种教育实践称为"脚手架"。教育背景中的脚手架是指教师为学生提供临时学习框架的过程。如果做得好，这种结构能鼓励学生发展自己的创新性、动机和决策能力（resourcefulness）。一旦学生掌握了知识、发展了技能，这个框架的要素就被拆除了。最终，初始的脚手架被完全移除，因为学生已不再需要它（Smagorinsky, 2007）。成功的脚手架的特征包括为学生提供明确的方向、目的和期望。预期结果包括带任务的活动，更佳的学生努力方向，减少不确定性、惊讶和失望，提高效率，以及明显的动力（McKenzie, 1999）。

"脚手架需要持续的分类和筛选，作为'令人困惑'过程的一部分——将新信息与先前理解结合起来，以构建新的信息。学生在不断增加、拓展、提炼和精加工。"（McKenzie, 1999）学生需要足够的帮助才能开始学习，需要监控以确保其努力不会被困难所压倒，但如果给予的帮助太多，那他们就根本不会努力了。例如，每天举同样的重量和同样的次数，对我们的肌肉不会有多少好处。只有努力增加重量时，我们才会开始增强力量。

有效搭建脚手架的另一重要方面是让学生看到我们的帮助促使他们进步了。詹姆斯·祖尔（James Zull）在其2002年出版的《改变大脑的艺术》（*The Art of Changing the Brain*）一书中谈到，需要让学生看到自己正在取得一些进展来维持其努力，特别是面对那些困难的或者他们不喜欢做的任务时。

脚手架有不同的模式。一种是学徒模式，即专家为活动示范，为学生提供建议和实例，在实践中指导学生，然后逐渐减少支持，直到学生能够独立完成任务（Lawson, 2002）。第二种模式鼓励持续使用工具并向他人咨询，认为在现实生活中，很少有人能完全独立进行工作（Bransford, Brown & Cocking, 2000）。多数人认为，脚手架在学生需要更自立的领域特别有效，例如以技术为基础的学习（Banaszynski, 2000）。

最近发展区（Zone of Proximal Development）

成功使用脚手架方法的一个关键因素是确定学生的最近发展区（ZPD）。俄罗斯心理学家列夫·维果茨基首先讨论了ZPD，它指的是学习者在没有帮助的情况下可以做什么，与在有帮助的情况下可以做什么之间的区别。假设一名心理学课程的一年级学生能够阅读并理解课本材料，以及一些来自知名心理学研究专家所解读的指定课外读物，但是其不能成功地阅读来自心理学研究期刊的文章。我们会说，指定的课外阅读在其ZPD之内，在这一水平上提供帮助是最为有效的。"教学的挑战在于提供既适合学习者思维方式又能引导他/她进入更为强大思维模式的问题。"（Perry, 2002）

脚手架与数学

一个使用了以学习者为中心的脚手架方法的数学教学模型非常流行。首先通过测试安排学生参加相应水平的数学课程。教学过程从让学生在没有新的教学指导的情况下，尝试自己解决指定的数学问题开始。仅有的指导是他们之前在其他课程中的收获，或者是在上了几天课后，他们在本课程中前面所学部分的收获。学生自行尝试之后，两人一组互相帮助解决问题。最后，他们组成四人工作小组，在组内分享其想法和解决方案。一旦学生已经穷尽了自己的想法，或在某些情况下自己探索出了解决问题的过程，他们会就过程中不理解的部分向老师提问。老师解答所有的问题，如有必要，则进行教学演示。在这个模型中，老师只有在真正需要的时候才会提供支持。具体的需求通常是明确的，因为学生自己已经通过切实的努力来学习相关内容。只有当他们不能理解内容时老师才提供指导（Yambric, 2008）。

尽量让学生自己尝试，提供少量帮助即可

教师怎样使用课堂时间最佳？这是以学习者为中心的实践的关键问题所在。即使我们的一些学生可以清楚地理解概念和观点，还要向每个人解释它们才是最理想的吗？如果不是，对于那些似乎不能独立完成学习任务的学生，我们该怎么办？他们会远远落后吗？还是应该先让所有学生在教师的有限帮助下自己完成任务？接下来，我们是否应该让他们相互合作，看看合作是否能够解决余下的困难，然后只有在他们遇到自己无法解决或在同伴帮助下仍无法解决的困难时，我们才介入？虽然采取正确的行动可能取决于学习的具体情境，但一些教学模式清楚地表明，让学生只在少量帮助下独立完成任务是有好处的。

百货商场模式（The Emporium Model）

百货商场模式是一个由弗吉尼亚理工大学（Virginia Polytechnic Institute and State University）开发的非常成功的数学教学模式。这一模式已为7所大学所采用，他们通过美国国家学术改革中心（National Center for Academic Transformation, NCAT）的课程再造项目（Program in Course Redesign）取得了

巨大的成功。该项目由皮尤慈善信托基金（Pew Charitable Trusts, 1999—2003）资助。此模式已经证明，在老师介入之前，让学生先尝试自己完成任务，并借助一些软件学习，是可能提升学生的学习效果的。

数学百货商场模式：

• 利用计算机技术使学生在课程中的体验个性化，从而改进教学。它允许学生按照自己的节奏行进，复习内容，并尽可能以自己喜欢的方式参加小测验。他们只有在需要的时候才能得到他人的帮助。

• 使用主动学习的方式，而不是传统的讲座模式。与传统的面对面学习相比，百货商场模式改善了学习效果。

• 利用教师和其他教练提供的每天 15 小时的及时帮助，通过经过设计的方式，让学生自己探索发现答案。

• 使用数学课程，清楚地描述期望，并提供舒适和有效的机制来支持学习。当学生被赋予自我管理学习的责任和权力时，他们会获得课程内容之外的其他宝贵的现实世界技能，包括自律和组织能力。这些都是以学习者为中心的实践的关键要素（Williams, 2005）。

使用百货商场模式的一些发现：

• 每年招收 1.3 万名学生，9 门大学水平的数学课程的学生平均成绩（最终成绩为 C 及以上）提高了 25%，增幅在 7% 和 63% 之间。

• 这 9 门课程的教学成本平均降低了 37%，降幅在 15% 和 77% 之间。

• 比较 C 及以上的成绩很可能低估了百货商场模式的成绩，因为这种模式下的评分标准比传统模式下的评分标准更高、更一致，例如没有曲线、没有偏袒给分、成绩标准一致等。

很显然，研究结果表明，学生可以在适当的帮助下，独立完成大量的学习任务。有趣的是，在一名弗吉尼亚理工大学学生的博客上，我发现了他讨厌百货商场模式。他的憎恨是基于以下事实：这需要完成更多的任务、承担更多的责任以及更强的创新性。他写道："对于那些不是独立学习者的学生而言，这是一种糟糕的授课方式。"或许这是真的，然而，美国人现在每年花费在信息上的时间约为 1.3 万亿小时，平均每人每天近 12 小时。信息消耗总量为 3.6 泽字节（zettabyte, ZB）和 10845 万亿字，每个人平均每天以某种形式使用 34 千兆字节（gigabyte，GB）的信息（Bohn & Short, 2009）。相较而言，19世纪中期的人一生所消耗的信息还没《纽约时报》(*New York Times*) 一周所刊登的信息多。关键是，如果学生希望有岗位就业，不管喜欢与否，他们都要成为终身的独立学习者。认知神经科学家珍妮特·扎迪纳如是说道："让学习变得太容易是一个错误。"

我们没能开发交互式软件来帮助学生学习，但许多公司已经开始这样做了。然而，我们都可以理解百货商场模式的核心，即学生通过做数学来学习数学。我们都可以在课程中将这种行为付诸实践。

坐在我的凳子上

如果你参观过我的教室，可能会发现我坐在凳子上，看着学生进行着一天的学习活动。我只是坐着而明显没有在教的原因是，当我计划好活动时，我已经完成了我的工作，之后要做的是鼓励学生做他们的工作。你可能会发现我在做一个简短的陈述，回答一些问题，或者询问活动结束后的学生，但是在我的课堂里，是学生在做任务。这就是 LCT 的目标。我是一名学习促进者。这意味着，我的两项主要任务是策划学习活动和给学生反馈。我将在第四章更详细地探讨教师作为促进者的问题。我的角色明显有别于过去以自己为中心的我。新角色还需要一些时间来适应。然而，我每天都提醒自己，我在跟随研究，我在增加学生学习的机会。这是所有教育工作者必须承担的责任。

第三章　真实性学习的力量所在

从儿童的角度来看，学校里最大的浪费来自他无法在学校内部以任何完整和自由的方式利用其在校外获得的经验；反之，他也无法将学校所学应用到日常生活中去。这就是学校的孤立——与生活的孤立。

——杜威（Dewey, 1916）

第三章探讨支持真实性学习的研究，如何规划和发展真实性学习活动，以及如何评估真实性学习。最后，探讨在不同内容领域的真实性学习活动的几个案例。我们尤其要明白，除非学生对探究的现象至少有一个基本的概念理解，否则真实性学习活动所能获得的相关知识将会很少甚至没有，剩下的可能只是忙忙碌碌的工作（Kirschner, Sweller & Clark, 2006; Mayer, 2004）。真实性学习，包括严肃认真的探究，除非让学生做好学习准备，否则难以保证是有意义的学习。

准备和意义之间的联系

在费瑞斯州立大学（Ferris State University）的重型设备技术项目（Heavy Equipment Technology Program）中，柴油发动机操作和调试课程（Diesel Engine Operation and Tune-up Course）要求学生每学期解决一个真实的行业问题。学生专注于他们通过与教授在课程中讨论、与特邀演讲者的互动或在业内公司实地考察时所发现的问题。这个问题通常与保养实践、发动机故障诊断、新燃料使用相关，或是其他由学生提出并经教师认可的行业热点问题。学生以小组形式解决问题，并准备30分钟的报告，解释说明他们解决问题的过程和解决方案。学生还接受了如何进行专业报告的培训，并被要求根据用于评估报告的量表来准备报告，报告对象是重型设备行业的专业人士。因为我提供了专业报告训练，并协助教师修订了量表，我亲眼见证了这种真实性学习体验的活力。本课程活动不仅为学生提供了真实性学习体验，也提供了与行业专业人士交流的机会，有利于学生实习和就业。我认为，这是最好的真实性学习。

真实性学习的定义

"真实性学习是一种教学方法，它允许学生在涉及与学习者相关的现实世界问题和项目的背景下探索、讨论和有意义地构建概念和关系"（Donovan, Bransford & Pellegrino, 1999）。它不但体现了对实际问题的使用，而且力求让学生运用现实世界中的方法，包括团队工作与协作、技术，以及对解决流程与解决方案的专业报告。使用真实性学习体验增加了学生的学习动机，因为它涉及主动参与和有意义的成果，这正是其他人（例如前文提到的重型设备行业的专业人士）真正想要的。

真实性学习并非一个新概念。这是学徒指导的首选模式，他们在现实世界中学习后，会成为那个时代训练有素的手工艺人。然而，随着19世纪学生人数的增加，管理成为一个难题，这不仅体现在学生人数的增加，还体现在工作场所责任问题的增加。这些因素组合在一起，严重限制了学徒制的进展（Herrington, Oliver & Reeves, 2003）。很快，其他教育方式得以发展，但这些教育方式常常使学生脱离现实世界的体验。

许多教育界人士认为，所有想成为科学家、数学家、工程师和历史学家的人都需要"融入"相应学科，而且越早越好（Lave & Wenger, 1991）。除了记住事实和练习技术程序外，初学者还应该学习约翰·希利·布朗（John Seely Brown）口中的该学科的"流派"。通过这种模式，学科共同体的所有成员"认识到一个问题是否重要，或者解决方案是否巧妙，抑或解决方案起初由哪些部分组成"（Brown, 1999）。尤为重要的是，学生应该知道课外的实际利益相关者对自己的工作产品负责是一种什么感觉。无论学习活动能否形成一项商业计划、一套设计规范、一次市议会演讲或者一则短片，对项目过程的真实性评价自然而然都会发生，且真实性评价正如在现实生活一般，包括同伴、导师和客户在内的几个来源。这样做的目的是给学习者信心，让他们在实践社区中被视为"合法的外围参与者"（Lombardi, 2007）。

当学生展望他们的未来时，需要认识到，将那些具有职业上升前景的人与几乎没有晋升机会的人区别开来的差异特征为是否具备专家型思维和综合沟通技能（Levy & Murnane, 2005）。专家型思维包括识别和解决没有常规方案问题的能力。这需要模式识别和元认知。另一个不同点是综合沟通，例如说服、解释、协商、获得信任和建立理解等。虽然阅读、写作、数学、历史和语言等基础技能仍然是必要的，但现在还需要一套更为复杂的能力组合（Levy & Murnane, 2005）。对于雇主而言，新员工最重要的技能包括团队合作、批判性思维／推理、收集／组织信息以及创新思维／创造力（Hart, 2006）。真实性学习活动有助于这些技能的发展。

真实性学习的研究依据

你不必成为一名脑科学家也能认识到，当学习是动态的、有意义的，并与其生活相关时，学生才会活跃起来。然而，脑科学家已经证明为何学生对真实性学习体验反应如此积极。正如第一章中所提及的，这种积极反应的原因是学习激活了大脑中的回馈通路。这一增强通路由中枢神经系统结构和在这些结构之间起交流作用的内源性神经递质组成。回馈通路进化能提升事关人类生存的活动能力，其他哺乳动物亦如是（Lowinson, Ruiz, Millman & Langrod, 1997）。当感到饥饿和想找寻食物（我不是指双层芝士汉堡）填饱肚子时，我们的大脑会释放出神经化学物质（尤其是多巴胺），让我们感觉良好，如此我们就会想填饱肚子并活下去。正如第一章中所提及的，认知神经科学家珍妮特·扎迪纳博士解释说，当学生的学习是积极的、有意义的和真实的时候，回馈通路就会被激活（Zadina, 2010）。根据犹他大学（University of Utah）遗传科学学习中心（Genetics Science Learning Center, GSLC）的网站（http://learn.genetics.utah.edu）

信息，大脑通过联结控制记忆和行为的部分来确保我们尽可能地重复这些生存行为（Genetics Science Learning Center, 2010）。当学生参与真实性学习体验时，无论是通过他们自身或通过我们提供的帮助认识到这种体验的相关性，他们都会感到获得了回馈，并会希望继续保持这种感觉。

心理学家凯利·兰伯特（Kelly Lambert）的研究结果值得我们关注。兰伯特博士的研究表明，太容易得到的结果实际上会对情绪产生负面影响。兰伯特假设，严谨是回馈通道的组成部分。纵观人类历史的大部分时间，生存是严酷的。例如，获取和准备食物都需要付出巨大的努力。因此，努力的结果会产生愉悦感和满足感。教师的任务是使学习体验既有意义又有一定的挑战性。

20世纪50年代，让·皮亚杰已经提倡学校必须让学习者积极参与现实世界的学习（Piaget, 1954）。当时，建构主义学者已经证明，当学生能够将新知识与其先前学过的知识以及有意义的环境联系起来时，学习就变得活跃起来（Brown, Collins & Duguid, 1989）。对于所有教师而言，把现实世界带入课堂是促进学生学习的关键。

传统的学习情境中，学生是知识的被动接受者，这与现实生活中的学习情境不相一致（Lave, 1988）。缺乏意义的教学会导致低参与度并抑制学习迁移（Newmann, Secada & Wehlage, 1995）。哈佛大学心理学家、多元智能理论家霍华德·加德纳（Howard Gardner）曾说过，对许多人而言，在学校学习无非就是训练和反应，与学生需要学习的内容无关（Gardner, 1999）。过去十余年中，对美国高中的主要研究也强化了这一观点，尽管在资金、技术与学习研究方面的投入已大幅增加，但学校教育运作方式与40年前仍惊人相似（U.S. Department of Education, National Commission on The High School Senior Year, 2001）。我并非要对美国高中评头论足，他们课堂上面临的问题与我们高等教育面临的问题迥异。需要指出的是，在高中以教师为中心的学习经历使学生渴望更积极和真实的学习，如果我们采取以学习者为中心的路径，那么高等教育是有能力提供这种学习的。

真实性学习的特征

关于真实性学习的特征有很多版本。它们通常用以帮助教师设计真实性学习体验。在下文中，我用了其中一组特性来展示它们与真实性学习体验之间的关系。我以本书的写作为例来说明它们的应用。

根据北中区域教育实验室（North Central Regional Educational Laboratory）的描述，真实性学习包括以下内容：

1. 处理现实世界的任务。我写本书是为了改变高等教育的教学方式，我认为这是现实世界的一项重要任务。

2. 具有超越学校环境的价值。如果本书是一项学术任务，我会学到一些写作、编辑和研究方面有价值的信息。因为我知道本书将会以一种有价值的方式影响师生，所以撰写本书对我而言很有意义，也很有价值。

3. 具有跨学科性。我使用的信息来自神经科学、生物学、认知科学、心理学、进化生物学和其他领域，且因为我将本书写作作为以学习者为中心的实践，我同时发展了语言技能。

4. 允许不同学习风格。我可以自由地使用不同方法，来尝试培养出最好的学生。

5. 让学生有机会掌控自己的学习。我在这个项目上投入了大量精力，并认为它对我而言很重要。我知道自己可以掌控本书的内容。我也认为这是对自己时间和才能的有效利用。

6. 是由学生驱动的。作为本书作者，我是一名努力完成有意义自选任务的学生。我正在探索研究并与你分享，自认为以我的经验，以学习者为中心的教学可以获得成功。

7. 将老师定位为促进者。我本人的知识只是我在本书中使用的众多资源之一。虽然我从促进者那里获得了一些与此主题相关的知识，但这不是一项以教师为中心的活动。

8. 运用脚手架辅助学习。当需要帮助时，我都会定期查阅相关研究成果并向同事求助。正因为此，本书才日臻完善。当然，我也获得了强烈的个人成就感，仅仅属于我的成就感。我在教学中尝试脚手架也是同样的方法。我希望学生能够取得成功，所以当他们需要帮助的时候，我也会及时伸出援手。但我更明白，让学生体验个人成就感是非常重要的。

9. 学生可以运用实时数据进行调查并得出结论。我所写的内容反映了人类学习和教学过程的最新研究成果。我运用批判性思维和高级理解技能，将离散的资源的意义关联起来。

10. 鼓励学生一起合作并讨论如何解决问题。我常和同事讨论撰写本书的初衷，讨论他们提供的如何以最佳方式表达某些想法的意见和建议。

11. 要求学生制作一个面向真实受众的产品。如果你正在阅读此书，那么我已经成功地达到预期结果。

真实性学习体验并不需要具备上述所有特征才能发挥作用。运用这些特征来指导更为真实的学习活动的开发才是目的所在。表3.1为真实性学习任务另外一组特征，可以帮助我们设计真实性活动。

表3.1 真实性教育的特征

1. 真实性活动具有与现实世界的关联性。
2. 真实性活动定义不明确，要求学生定义完成该项活动需要的任务和子任务。
3. 真实性活动包括复杂任务，需要学生在一段持续的时间里进行探究。
4. 真实性活动为学生提供了机会，从不同的角度审视任务，并使用各种资源。
5. 真实性活动提供了合作的机会。
6. 真实性活动提供了反思的机会。
7. 真实性活动可以跨不同的专业领域进行整合和应用，并超越特定领域的成果。
8. 真实性活动与评估是无缝衔接的。
9. 真实性活动创造了有自身价值的精美产物，而不是为其他东西做准备。
10. 真实性活动允许相互竞争的解决方案和成果的多样性。

来源：Herrington, Oliver & Reeves (2003)。

设计真实性体验

2006年，有学者对45篇描述不同学科真实性学习的文章进行了内容分析，结果显示了支持真实性学习设计的四个主题：

（1）活动涉及模拟了该学科专业人士工作的现实问题，并向课堂以外的受众展示了研究结果；

（2）探讨开放式探究、思维技能和元认知；

（3）学生在学习者群体中进行话语学习和社交学习；

（4）学生可以自己选择相关项目任务的自我导向学习（Rule，2006）。

在玛丽莲·M. 隆姆巴迪（Marilyn M. Lombardi）的高等教育信息化白皮书（Educause White Paper）《行之有效的方法：真实性学习如何改变高等教育》（*Approaches That Work: How Authentic Learning Is Transforming Higher Education*）中，她给我们这些希望在课堂上创造更有意义的学习体验的人提出了类似建议：

• 鼓励教师为学生设计尽可能与行业专业人士的真实任务相似的活动。

• 要求学生应对的挑战本质上应该是复杂、模糊和多方面的，因此需要持续的探究。

• 反思、自我评估和表现评估完全与工作相融合。现实世界的挑战有其成功的标准。学生要在其技能水平、成熟度和任务准备情况基础之上切实担负起责任，以达到真实工作条件下从业者必须达到的水平。

• 团队合作对于真实性学习体验至关重要，就如同在现代工作环境中一般。学生群体必须从多个来源获取信息，并从多个视角进行协商，其中包括会受到影响的利益相关者（业务伙伴、客户、消费者、公民）（Lombardi，2007）。

一项真实性学习活动旨在利用学生现有的才能和经验，通过建立其信心，帮助学生看到个人能力和专业实践之间的联系。该活动与新的参与式学习者的需求相匹配，他们对积极参与、亲自动手的学习的期望随着创造性机会的增加而提高，现在可以通过多种媒体工具获得这些机会（Lombardi，2007）。

真实性学习体验的高等教育课堂案例

事实上，我们可以说，当学生看到复杂理论应用于现实生活中时，它就不再是"单一的工作"，而是变成了对其职业生涯有明确价值的知识和理解。

——费里，克尔文，卡林顿，普里切维奇（Ferry, Kervin, Carrington & Prcevich, 2007）

重要的是要记住，真实性并不意味着你必须带学生去卢浮宫（Louvre）学习艺术，而是我们尽可能在给学生的学习任务中增加真实性。例如，任务可以落在一个真实性的连续统一体上，要记忆关于绘画的事实，不如访问一个有导航的网站来得真实。但是在有导航的网站上浏览又不如实际参观博物馆真实。教师的目标应该是让学生的体验尽可能与现实生活中发生的事情相接近，与此同时，教师还应该为学生的反思和学习提供必要的支持（Marra, 2010）。

以下是来自世界各地高等教育机构和设计公司的案例，它们展示了我们如何才能全力提高学生的真实性学习能力。通过向同事借用或购买素材来组织适合课堂的活动，我们可以为学生带来更为真实的学习体验。

巴勒斯坦（Palestine）————一款游戏。这款游戏由严肃游戏互动公司（Serious Games Interactive）开发，该游戏让学生扮演一名经历巴以冲突的记者。

虚拟法庭（Virtual Courtroom）。哈佛大学开设的一门线上课程，教学内容是为法庭提供有说服力的依据。

天文学里程碑展（Astronomical Milestones Exhibits）。在亚利桑那大学（University of Arizona）的天文课上，教师让学生自行研究、构思和编写贯穿地球46亿年历史进程的里程碑展材料。

西姆港（Sim Port）————一款游戏。由泰格龙公司（Tygron）开发的西姆港游戏的目标是帮助鹿特丹港（Port of Rotterdam）的员工，包括个人和集体，做出适当的规划和实施策略，以创建一个可行的设计，在30年内于北海（North Sea）完成下一块土地的围垦。

人体可视项目（Visible Human Project）。人体可视项目（VHP）利用美国国立卫生研究院（National Institutes of Health）、美国国家医学图书馆（NLM）的资源，通过让学生观察真实视觉中的人体，极大提升了解剖学和生理学的教学效果。VHP是NLM 1986年启动的一项长期计划的成果，它包含了解剖学意义上正常男性和女性身体完整而详细的三维呈现。VHP已经生成了18000个人体的数字化切片。该项目的长期目标是建立一个知识结构系统，将视觉知识形态与符号知识形态显性关联起来（National Library of Medicine, 2010）。这一庞大的网站可以让学生自学大量内容，例如借助导航浏览人体，同时也为教师提供了视觉资源来充实课程，使学习更加真实。

边境问题项目（Borderlands Issue Project）。在得克萨斯大学埃尔帕索分校（University of Texas at El Paso），有一门为即将入职的教育工作者开设的社会学研究方法课程，其是与当地一所公立精英中学的学生合作的项目。该项目聚焦美国—墨西哥（U.S.–Mexico）边境问题，由双方共同规划、共同设计和共同展示。项目的目标是在严谨调查和深入研究的基础上，提出合理的建议，并突破真理的相对性概念。这些团队在当地学校的家长之夜（Parent Night）活动上共同展示了他们的项目。这种真实性体验帮助中学生学会了与他人共同规划、共同研究、共同设计和共同传授复杂问题所需的协作技能，职前教育工作者发现中学生的表现明显超出预期（Cashman, 2007）。这种以问题为中心的项目模式适用于大部分课程或学生群体。

教育统计学课程的社区协作（Educational Statistics Course Community Collaboration）。在西佛罗里达大学（University of West Florida），社区服务研究和真实性学习（Community Outreach Research and Authentic Learning, CORAL）中心将教育统计学的师生与社区机构和组织联系到一起，开展结合现实世界和数据驱动的研究。胶囊项目——一个运用领导力和电子统计的学生社区行动项目（Community Action Projects for Students Utilizing Leadership and E-based Statistics, CAPSULES）。该项目是让研究生参与服务学习项目，包括真实性数据驱动研究的管理、实施和交付。该研究生教育项目包括：（1）融合现实世界主动学习和真实性评价的统计学课程；（2）研究生在完成社区机构和教育机构共创项目的学位论文之前，有机会参与团队驱动的量化研究；（3）在社区行动项目中，研究生可以作为研究的管理者、领导和报告人（Thompson, 2009）。

模型启发活动（Model Eliciting Activities）

模型启发活动（MEAs）由数学教育研究者所开发（Lesh, 1998），目的在于更好地理解问题和解决问题。MEA 是一种"思想启迪和模型启发"的活动（Lesh et al., 2000），并已被应用于其他领域，如工程教育（Diefes-Dux et al., 2004）和天才教育（Chamberain & Moon, 2005）。MEAs 旨在鼓励学生建立数学模型来解决复杂问题，同时也为教育工作者更好地理解学生思维提供了一种手段。MEAs

主要基于6项特定的原则，包括精细开发和实地测试。

1. 模型构建原则：问题设计必须考虑模型创建要处理的要素、要素间的关系和运作以及控制这些关系的模式和规则。

2. 现实原则：问题必须有意义并且与学生相关。

3. 自我评估原则：学生必须能够开展自我评估并衡量其解决方案是否有用。

4. 编制文档原则：学生必须能够在其解决方案中揭示和记录思维过程。

5. 构建可共享和重复使用原则：由学生创建的解决方案应该带有一定的普适性，稍做改变就可以用于其他情境。

6. 有效原型原则：其他人能够轻松地解释解决方案（Lesh et al., 2000）。

MEAs的案例

以下案例的完整教案可以浏览卡尔顿大学（Carleton University）的网站 http://serc.carleton.edu/sp/search/index.html。

判断航线（Judging Airlines）。学生检查了芝加哥奥黑尔机场（Chicago's O'Hare Airport）五条航线的起飞延误数据。任务是开发一个模型，用于确定哪条航线最有可能准时起飞。学生要写一份报告，指出最佳航线及其判断依据。

确认盗窃嫌犯（Identifying a Theft Suspect）。这一MEA要求学生建立一个预测犯罪分子特征的模型。学生利用鞋子长度、身高和性别的真实数据来建立这个模型。学生要写一份报告给犯罪受害者，确认犯罪嫌疑人的身份，并证明其选择的准确性。该活动为学生学习回归模型奠定了基础，并强化了其对集中趋势和可变性的理解。建议在正式介绍线性关系之前使用本活动。

创建一个垃圾邮件过滤器（Creating a Spam Filter）。该活动要求学生在团队中开发一组规则，这些规则可用于为客户编写一个垃圾邮件过滤器。要求学生用给定的垃圾邮件和非垃圾邮件主题样本进行检测。他们开发的规则依据的是电子邮件主题的特征。在规则准备好之后，学生将会得到一组测试数据，并被要求提出一个数字度量来量化其方法（模型）的工作情况。每个团队写一份报告，来描述其模型的工作原理，以及在数据测试上的表现。这一活动可用于介绍分类的概念，也可作为向学生介绍统计错误类型的基础。

创建真实性学习活动使用的标准

让学生参与真实性学习活动的一个有效方法是用来自不同学术领域的既定专业标准指导学习任务的开发。我通过以下案例来说明整个工作过程。

器乐编曲的标准

以下标准是由汉克·沃恩（Hank Vaughn）制定的，并发布在乔恩·穆勒（Jon Mueller）的权威评估工具箱网站上（http://jfmueller.faculty.noctrl.edu/toolbox）。根据这些标准，器乐教师可以制定真实的任务，让学生努力达到音乐领域的专业标准。在此标准案例中，学生将能够：

- 创作一个至少有五个声部的原创器乐编曲作品。
- 展示适合该器乐编曲的音乐。
- 指挥乐队合奏。
- 以合适的器乐编曲标准评价乐曲。
- 根据编曲，对乐团进行合奏排练。
- 重新编排乐曲，以适应乐器配置。
- 在编曲中展示不同的音色。

写作与真实性学习

以学习者为中心的实践的基本原则之一是让学生学会对工作承担更多责任。原因很简单：他们将在余生对自己的工作负责。那么，有什么方法能比让真正的读者阅读文章更能提高写作任务的专注和努力程度呢？以下是一些例子。

1. 鼓励学生写一封信给其家乡报纸或其就读学校所在地报纸的编辑。这封信可以解决他们关心的一个现实世界的问题，或者是他们希望看到发生改变的一个主题领域。

2. 让学生写他们感兴趣的时事新闻。然后指导学生将文章提交给当地、家乡或学校的报纸，这样他们的文章就有可能发表。

3. 将学生的课程写作作业发布在班级网站上，让全班同学都能阅读。这种公开发布同时也允许同伴评阅。你可以指派一组学生去阅读一些同伴的作品，然后用量表给作者一些建设性反馈。

4. 要求学生针对校园里的实际问题写一份合理的解决方案，并要求他们将自己的解决方案提交给学校相应的办公室。

5. 编辑一本班级杂志或书，然后在校园里分发。

6. 使用校准的同伴评阅（Calibrated Peer Review, CPR）系统。这是一个免费的、基于互联网的程序（http://www.educause.edu/ir/library/pdf/ELI5002.pdf），它允许教师将频繁的写作任务纳入所授课程，不管班级多大，都可以不增加教师评分的工作量。学生被训练成有能力的评论者，然后担当起在说明性写作作业评析时为同学提供个性化反馈的责任。同时，教师可以查看所有学生的作业，从而对整个班级的学习情况进行把控，并对每个学生的学习进展进行评估。CPR 系统管理整个同伴评阅过程，包括作业创建、电子论文提交、学生评阅培训、学生输入分析以及准备最终的成绩报告。

关键是让学生的作业得到尽可能多的真实评价，因为这是他们走上社会工作之后所要接受的评价方式。

为何要使用真实性评估工具？

你评估的就是你会得到的；如果你不测试它，你就不会得到它。

——雷斯尼克（Resnick, 1987）

真实性评估有许多定义，但是多数定义对用此类工具要完成什么的看法有着惊人的相似。根据美国图书馆协会（American Library Association），真实性评估是一个评价过程，包括多种形式的表现测量，反映学生的学习、成就、动机以及对教学活动的态度。真实性评估技术的例子包括表现评估、档案袋和自我评估。学习新视野（New Horizons for Learning, NHL）教育网站将真实性评估定义为通过询问学习所生成的行为来进行的评价。模式、实践和反馈等概念是真实性评估的关键，在这些概念中，学生学习优秀的表现是什么，需要引导学生运用整体概念，而不是零碎地为最终理解做准备（Keller, 2011）。相比之下，传统评估依赖于间接或代理条目：我们认为通过有效、简单的替代可以对学生表现做出有效推断（Wiggens, 1990）。为了提高学生成绩，我们必须认识到，基本的知识能力正在从传统测试的裂缝中跌落（Wiggens, 1990）。面对不可预知的未来，如果要确保学生进行最佳水平的准备，我们就需要测量其学习工具，也要测量他们离开院校时的学习效果。15年前，当我第一次作以学习者为中心的教学报告时，我使用了图3.1中的幻灯片来说明这一点。

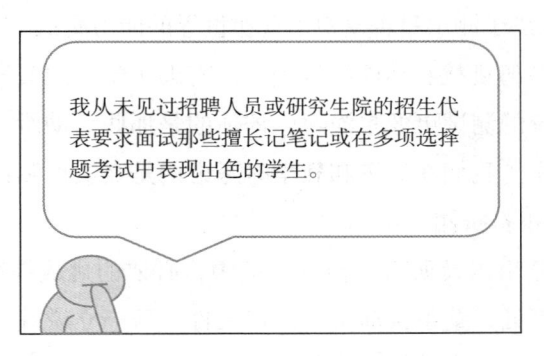

> 我从未见过招聘人员或研究生院的招生代表要求面试那些擅长记笔记或在多项选择题考试中表现出色的学生。

图 3.1　雇主想要的是什么

高等院校努力定义他们希望毕业生拥有的技能和知识，但不幸的是，他们使用传统的评估工具，往往不能测量学习是否已经发生。例如，每所院校都声称希望他们的毕业生拥有优异的听说技能，但他们给出的大多是多选题或其他形式的书面测试，而这些测试没有任何迹象表明听说技能是否正在形成。如果真想要学生拥有上述沟通技能，我们就需要创设真实性活动来使用这些技能，并根据现实世界的期望来评估它们，如此一来反馈才能真正帮助学生提高。

格兰特·维根斯（Grant Wiggens）在1990年的文章"真实性评估的案例"（The Case for Authentic Assessment）中列出了真实性评估技术在测量学生学习能力方面比传统评估技术更有优势的原因。

1. 真实性评估要求学生获得知识后要成为有效的执行者。传统的测试往往只揭示学生是否能够在脱离课本的情况下识别、回忆或"代入"所学内容。这可能就像单凭笔试来推断一名学生是不是一个好司机一般有问题。

2. 真实性评估向学生呈现了系列任务，这些任务反映了最佳教学活动的优先事项和面临的挑战：开展研究、撰写、修改、讨论论文，对近期的政治事件进行深入口头评述，在辩论中与他人合作等。

3. 真实性评估关注的是学生是否能给出完美、彻底、合理的解答、表现或产品。传统的测试通常只要求学生选择或写出正确的答案,而不评估他们的推理过程。

4. 真实性评估通过强调和规范对不同产出的评分标准来实现其效度和信度;传统的测试将目标条目标准化,因此每个项目都有一个正确的答案。"测试效度"应该部分取决于测试是否模拟了现实世界的能力测试。

5. 真实性任务的挑战和功能结构松散,有助于学生预演复杂而模糊的成人和职业生活。传统的测试更像是演习,评估的是那些活动所含静态的、任意拆解的或简单的元素。我们在排练和教学时考虑的是真实性测试(如音乐和军事训练),在效度上不打折扣。

6. 在许多大学里以及所有专业的环境中,必要的挑战往往是提前知晓的:将要做的报告、朗诵、董事会演讲、法律案件、著书立说等。传统的考试要求对考试完全保密以确保有效性,这使得老师和学生很难通过预演获得信心,而这种信心来自他们知道自己必须取得的成就。一个已知的挑战也让所有学生达到更高的标准成为可能。

7. 真实性评估的优势还在于,它可以为家长和社区成员提供关于学生表现的直接可观察的结果和可理解的证据;与我们必须依靠标准评分制和重新规范来转化相比,外行人早已看出学生作品的质量(Wiggens, 1990)。

尽管提倡将真实性评估作为一种改善学生学习的手段,我并不是说高等教育不能有知识测试的一席之地,知识测试对真实性任务的表现仍至关重要。如果学生不懂某一学科的语言,让其做报告或给编辑写信都会很困难。

学生希望看到,学习内容、学习方式与他们的生活相关联,并且有生活意义。使用真实性的评估来考验学生是否达到现实世界的标准,清楚地向他们展示了学习的相关性。真实性评估的例子见表3.2。

表3.2 真实性评估事例

·口头报告
·书面报告
·辩论
·档案袋
·实验报告

续表

·科学笔记本/日志
·学生谈话
·主动倾听
·概念地图
·开放式问题
·实验表现
·面试
·技能/行为检查列表
·自我评价
·同伴评价
·外部专业评估
·运用行业标准
·产品生产：物品、电影、艺术形式、剧本、广告等
·专业会议上公开演讲

来源：jove.geol.niu.edu/faculty/kitts/GEOL401/inquiryassessment401.ppt。

使用评估量表

量表是评估真实性学习活动的一个有效工具，它反映了学生准备进入职业或行业的标准。大多数职业和行业都发布了一系列标准，这些标准可以用来创建有意义的量表。互联网上到处都是优秀的量表编制相关资源，几乎在每个领域都有成千上万的现成量表。表3.3是一个量表样本，它可以用来衡量团队在解决真实性问题时的协作水平。

表3.3 协同工作技能

类别	4	3	2	1
与他人协同	几乎总是倾听、分享和支持他人的努力。尝试让人们一起工作	常常倾听、分享、支持他人的努力。不会在群组中引起"波动"	时常倾听、分享和支持他人的努力，但有时不是一个好的团队成员	很少倾听、分享和支持他人的努力。通常不是一个好的团队合作者

续表

类别	4	3	2	1
聚焦任务	始终专注于任务和需要做的事情。非常自主	大部分时间专注于任务和需要做的事情。其他小组成员可以依靠此人	某些时候专注于任务和需要做的事情。其他小组成员有时必须唠叨、督促和提醒其继续工作	很少专注任务和需要做的事情。总是让别人来做
工作质量	提供最高质量的工作	提供高质量的工作	提供的工作偶尔需要其他小组成员检查/重做，以确保质量	提供的工作通常需要他人检查/重做才能确保质量
努力程度	工作反映了这名学生很努力	工作反映了这名学生较为努力	工作反映了这名学生一定程度的努力	工作反映了这名学生较少努力
态度	从不公开批评他人的项目或工作。对任务总是持积极态度	很少公开批评他人的项目或工作。对任务常常持积极态度	偶尔公开批评小组其他成员的项目或工作。时常对任务持积极态度	时常公开批评小组其他成员的项目或工作。常常对任务持消极态度
贡献	始终会提供有用的想法。是一名付出很多努力的公认的领导者	常常会提供有用的想法。是一名工作努力的小组主要成员	有时会提供有用的想法。是一名满足要求的小组成员	很少提供有用的想法。拒绝参加小组活动
时间管理	在整个项目中始终很好地利用时间，以确保按时完成工作。小组无需调整最后期限或工作职责	在整个项目中常常能很好地利用时间。小组无需调整最后期限或工作职责	有拖延倾向，但总是在最后期限前完成任务。小组不需要调整最后期限或工作职责	很少在最后期限前完成任务，因其时间管理不善，小组不得不调整最后期限或工作职责

电子档案袋（E-Portfolio）作为学习的证据

得克萨斯大学奥斯汀分校工程学院（College of Engineering, University of Texas at Austin）引进了北极星（Polaris）系统，这是一个内部的电子档案袋系统，可供所有工程专业学生使用。北极星由学院的教师创新中心（Faculty Innovation Center, FIC）研发，该项目与机械工程系合作，并得到福特汽车公司（Ford Motor Company）的支持。档案袋系统不仅适用于简历和其他文件，北极星框架还包含一些特别练习，旨在帮助工程专业的学生反思其课程项目和体验的相关性，进而更好地促进学生理解如何成为一名合格的工程师。提示和练习有助于学生准确描述他们的项目，其表达方式能够与工程与技术认证委员会（Accreditation Board for Engineering and Technology, ABET）的要求相一致。这个系统的独特之处在于，它通过学生对自己的课程作业进行描述和分析来指导学生。该系统采用元认知策略，鼓励学生研究自己的学习模式，不断改善自身的表现（EDUCAUSE learning Initiative, 2006）。

真实性学习：你也可以做到

只要决定去做，你就可以将真实性学习体验和评估融入日常教学。计划创建真实性课堂花费的时间和精力并不会比传统课堂多。正如约翰·穆勒（John Muller）——真实性学习领域的领军人物之一——所说，我们只需要决定，学生不仅要了解历史、数学和科学，还要去实践历史、数学和科学，那我们就必须制定相应计划。

第四章　从讲授者到促进者[①]

教师最大的成功标志是可以说："学生现在自己会做事，就好像我不存在一样。"

——玛利亚·蒙特梭利（Maria Montessori, 1949）

离下节课还有 20 分钟，他走进自己的办公室，打开一个文件抽屉，拿出一套关于今天主题的讲稿，然后穿过走廊去上课。他提早到了教室，并向等待上课的学生问好。然后，在正午时分，他们开始谈论 16 世纪法国的生活，如何辨认密歇根（Michigan）北部森林中的某些植物，或者其他成千上万话题中的任何一个。那些听课认真的学生做了笔记，并试图保持头脑清醒，不遗漏任何考试的相关信息。有一些学生提问，但那是教师和学生之间互动的延伸。教师所提供的资料是准确和最新的，其中有些内容对部分学生来说挺有趣。时钟滴答滴答地走了 50 分钟、75 分钟或 180 分钟，直到下课。没有布置作业，然后学生边离开教室边谈论午餐。

这种情况每天都在全国成千上万的大学课堂里上演。在这种情况下，并非教师没有准备好或不关心学生学习，或他的专业知识没有及时更新，原因很简单，他错过了一个增加学生学习的机会，因为课堂上发生的很多事情都要求教师激活自己的神经元网络，而不是要求学生建立自己的新网络或激活已有知识的网络。传统上以讲授为基础的教学模式与以学习者为中心的教学（LCT）模

[①] 要查看本章相关视频，请访问 tinyurl.com/learnercenteredvideo。

式的不同之处在于激活和联结了谁的神经元网络。

计划的力量

要摆脱传统的、以讲授为中心的教学模式并非一件易事。它需要学习新的技能，花费更多的时间来计划每一堂课。它需要配置好资源，让学生能够进行独立或小组探究。它还需要新的评价形式，既需要形成性评价又需要终结性评价。然而，它会激活学生大脑中大多数神经元并使其联结，这恰是我们希望的。本章提供了一个从一名信息讲述者转变为一名学习促进者的计划。该计划的实施并不复杂，但它确实需要更多的时间、策划和努力，而不仅仅是一套课堂讲义。

何谓促进者？

我们经常会在许多专业和教育情境中听到促进者这一术语。在商业和工业领域，这个词通常指主持会议、监督委员会或让他人完成任务或达到目标者。在教育中，它通常意味着通过提供一个参与的环境来支持学生学习课程内容材料；一套学生可利用的资源，如问题、文章、研究成果、难点和（或）案例等；以及运用能为学习者提供有意义反馈的评估工具。

如果你花几分钟时间在互联网上搜索促进者（facilitator）、有效促进（effective facilitation）和（或）促进学习（facilitating learning），检索到的站点有一个共同点：它们提供了成为特定领域有效促进者的具体指导。这些网站并不认为你天生就是为了或知道如何促进一帮人学习的。这些网站一致认为，促进是一种可以习得的技能。

一个定义

教育工作者是学习和变革的促进者，此观点已经至少存在了半个世纪。正是美国的卡尔·罗杰斯（Carl Rogers）和英国的约瑟芬·克莱因（Josephine Klein）在20世纪60年代早期的工作，使这一观点从幕后走向了台前（Smith，

2001）。即使是第一次听到"主动学习"这个词，我们当中的许多人都已经尝试过促进学生学习的某些方面。不幸的是，我们的努力不仅得不到鼓励，还经常会承受来自管理者以及保持传统讲授法同事的压力（至今仍然可以听到教师在谈论），或者迫于研究任务的压力，很难挤出时间去计划更多的学习活动。或者说，担当一名促进者的角色有时会让人忐忑不安。

促进者的工作是支持每个人开展其最佳的思考与实践。为了做到这一点，促进者鼓励每个人充分参与活动，促进相互理解，并培育责任共担意识。通过支持每个人尽其所能地思考，促进者使小组成员能够寻找包容性的解决方案并达成可持续的约定（Kaner et al., 2007）。

有效促进还包括全面了解小组讨论的特定主题或内容。教师作为专家的角色在从知识的讲授者转变为学习的促进者时并没有改变，改变的是专业知识的使用方式。第二章中讨论的脚手架就是其中一个事例。

计划

第一步：每天设定学习成果

我的教育生涯是从教三年级到六年级的学生开始的。虽然只担任了很短一段时间的小学教师，但我知道了准备教案的价值。我把这一实践带到了大学教学中，而且已经用了34年，尤其是当我转向LCT方法时，效果很好。我的备课总是从学习成果开始。无论你是一名讲述者还是一名促进者，定义我们希望学生通过参加50分钟、75分钟或180分钟的课程活动要了解什么或要会做什么是有效教学的第一步。如果不知道想让学生学什么，你就无法知道你耗费的时间和努力是否值得。正如在高尔夫练习场上，当我问儿子是否认为我的击球不错时，他常会回答："那要看情况。你的目标在哪儿？"

今天，大多数大学教师的教学大纲里都有学习成果。然而，要成为一个以学习者为中心的促进者，你需要用每天的成果来驱动备课过程。每一项学习成果包括四个看似简单却十分重要的问题：

1. 谁来学习？
2. 学习什么时候完成？

3. 学生将会做什么或知道什么？

4. 你将如何知道他们已经学会？

上述 3、4 两个问题要有明确答案这一点至关重要。例如，我上阅读课后第二天的一个学习成果："学生将在课后，通过批注两页心理学教材并提交给老师审阅，来展示其批注大学教材内容的能力。"

通过花时间定义每节课的学习成果，我可以确定几个重要的问题，这些问题得到解决才能说明这节课是成功的，并保证我是学生学习的促进者。在定义学习成果时应该问自己下列问题：

1. 如何最好地利用课堂时间来帮助学生取得这个成果？

2. 学生在课堂内外通过做什么来获得这个成果？

3. 教师需要提供什么资源，学生才能完成这一学习任务？

4. 学生自己需要获取什么资源，才能完成这一学习任务？

5. 如何分配本堂课的教学、实践和反馈等各环节的时间？

6. 学生是独立学习，结对学习，还是分组学习？

7. 如何评估这种学习？

这些问题呈现了教案的轮廓。所有问题的答案构成了行动计划。

第二步：行动计划

因为学习成果是让学生学会如何对大学课文内容进行注释，所以我的行动，即上述 7 个问题的答案（以缩略形式重复）如下。

1. 我如何最有效地利用时间？ 我的时间最好是用来解释为何注释是如此重要的阅读技能。我将演示如何注释课文，并回答学生关于注释的任何问题。

2. 学生做些什么？ 我要求学生认真听讲并在注释解释和演示过程中做适当的笔记。然后，他们把所学知识应用到两页纸篇幅的大学课文中。而后，我要求他们在课堂上（使用实物投影仪）展示一些注释示例。最后，他们将提交其注释，由我进行审阅和反馈。

3. 我需要哪些资源？ 我需要一份已完成注释的大学课文，分发给学生作为参照样本，还需要一份两页纸的大学课文供学生注释，几张有注释图片的幻灯片，方便解释时使用。此外，需要一页大学课文，可以用实物投影仪进行注释演示。

4. 学生需要哪些资源？ 学生需要一样书写工具和一些笔记本活页纸。

5. 如何分配课堂时间？ 在75分钟的课堂时间里，我用15分钟时间来进行讲解，学生用45分钟来注释文本，然后是10分钟的注释演示，最后5分钟是总结时间。（注：由于我教阅读多年，知道我的解释和演示需要多长时间。如果你是第一次教或第一次教某一节课，你只能做一个大致的预估，必要时做适当调整。）

6. 学生是独立学习还是结对学习？ 在这个案例中，学生将独立学习，因为我想评估他们的个人注释技能。

7. 我将如何评估学习效果？ 我会对每名学生提交的两页课文进行评阅，这样我就可以确定他们学到了什么。我会根据下列标准化的问题为每份课文注释评分：(a) 学生是否识别了关键信息？(b) 学生是否使用了自己的表达方式？(c) 学生是否能辨识术语和定义？(d) 学生使用的缩写准确吗？

我意识到许多老师经常思考类似的步骤。然而，花时间仔细思考每一个问题并梳理好课堂计划要点，将确保你不但在优化学生学习上尽最大努力（这是LCT实践的核心），而且在角色上也从讲授者转变为促进者。

第三步：额外练习

计划促进学习的下一步是决定学生需要额外的活动和实践来加深他们对新知识的理解或改进他们对新技能的使用。我们都知道这一步是"家庭作业"。在一个以学习者为中心的模式中，这一步对于促进长期学习和让学生参与真实和有意义实践的目标至关重要。学生课外活动与课堂活动同样重要。在开发课外学习体验时，请考虑以下几点：

1. 学生需要什么额外帮助来更好地理解新内容或在技能上变得更为熟练？
2. 提供这种帮助的最佳方式是什么？
3. 学生需要什么资源来继续学习？
4. 在尝试其他活动之前，是否需要学生为其课堂表现进行反馈？

这些问题可以帮助我们决定什么是最有效的课后家庭作业，并从课外忙碌的学习中解脱出来。在布置作业时我都会考虑这些问题。以下是我在注释课上回答问题（有些问题以缩略形式重复）的示例：

1. **学生需要哪些额外的帮助？** 批注是阅读课上所教的最重要的理解和回忆技能，我知道学生需要大量的练习才能掌握它。在对课堂里的批注给出反馈之前，我不会再给学生布置任何批注作业。我不希望学生养成不良习惯，而希望他们理解什么是有效注释。然后我会定期布置课外练习。在你的课程中，决定每一块新信息或新技能对课程成果的重要性是不可或缺的。这允许你决定需要多少额外练习来帮助学生达到学习目标。

2. **提供这种帮助的最佳方式是什么？** 我的学生有一本教材，里面很多章节都转载自其他大学教材，我经常要求他们学习这些章节的内容。网上有大量的资源，在仔细阅读网站的过程中可以找到优秀的实践内容。使用互联网的最大优势是，如果我们开发活动并以电子方式存储，可以提供几乎无限量的实践。反馈也可以电子方式给出，可以通过在用的软件，也可以由教师给出。例如，向学生提供大量实践问题或难题，让他们得到准确与否的即时反馈，这已被证明对改善学习和记忆有效（Rawson, 2010）。

3. **学生需要哪些资源？** 在我的课上，学生只需要他们的教材；然而，学生可能会在你的课程中需要额外的材料。课程实践资源对于提供有效学习体验至关重要。随着时间的推移，真实性工作实践是 LCT 的一个支柱。毫无疑问，大量的时间和工作将用于提供支持课程理解和技能发展的实践内容。这种发展是 LCT 与传统课堂体验的真正区别之一，传统的课堂体验是学生在课外阅读教材，为每四周一次的考试而学。

4. **学生在实践前需要反馈吗？** 在我的阅读课上，我相信他们是需要的。我不希望学生在课外做作业时犯课堂上同样的错误。然而，这是我们每个人在所有教学情境中都必须回答的问题。我之所以在这里提出这个问题，是因为在与牙科卫生教师一起工作时，他们特别强调了坏习惯的养成问题。他们不允许学生在家练习工具技能，因为他们发现这些技能是如此复杂和微妙，没有专业的反馈，学生很容易养成坏习惯。我怀疑其他许多学科亦是如此。我们的目标自始至终都是优化学习，因此是否在实践之前运用反馈，必须根据具体情况进行适当调整。

第四步：给予反馈

学生经常抱怨评估反馈没有帮助或不清楚是否有帮助，有时评估反馈甚至是让人泄气的。学生有时也报告说，他们没有得到利用反馈来提高后续表现的指导。更糟糕的是，学生有时会说，反馈太迟了，根本发挥不了任何作用。

另一方面，教师经常说学生对反馈意见不感兴趣，只关心成绩。他们表达了对学生没有将反馈意见纳入后续任务的失望（Spiller, 2009）。为了说明这个困境，我想把下面的对话联系起来。几年前，在一次会议安排的午餐时间，邻座的人开始和我分享他和他的同事的发现，学生在收到写作作业反馈后都在做些什么。如果你是一名写作教师，并且/或者曾经批改过书面作业，就会知道阅读学生写作并给予反馈所耗费的时间和精力之大。他说，在面向他所在科系学生进行的一项研究中，发现50%的学生甚至没有阅读反馈意见，而另外50%的学生阅读了这些意见，但没有努力将这些建议吸纳到他们的下一次写作作业中。这位写作教师言之有理。英国胡弗汉顿大学（University of Woverhampton）的内尔·邓肯（Neil Duncan）与其同事2007年完成的一项研究也证明了这一点（Duncan, Prowse, Hughes & Burke, 2007）。

我相信，在会议上与我交谈的那位老师能够读懂我脸上的沮丧，因为我想起了自己曾花费数千小时向学生反馈其写作技能，但却被完全忽视的事实。我接着问他，"那么，系里针对研究发现做了些什么？"他解释说，他们做了一些改变，要求学生写一份关于所有改进建议和老师评价的简短总结，并将它提交给老师，从而确保学生阅读并反馈意见。他们还建议，要求学生在后续的写作中展示所建议的改进，否则老师不再接受学生的写作作业。这个故事为我们提供了一个很好的示例，教育工作者不仅要提供反馈，更为重要的是，期望反馈能被使用。这是LCT课堂的一个必要任务。

以有意义的反馈来促进学习是有效教育促进者最为重要的技能之一。这也是一个大学教师很少接受培训的技能领域。表4.1列出了多萝茜·斯皮勒（Dorothy Spiller）在她的工作"评估：促进学生学习的反馈"（*Assessment: Feedback to Promote Student Learning*）中提出的良好反馈原则（Spiller, 2009）。

表 4.1　良好反馈原则

促进围绕评估任务目标的对话和交流。
强调反馈的指导作用，而不仅仅是纠错维度。
记住要提供正向反馈：指出学生需要思考些什么，以使他们的任务表现更接近目标。
具体化评估任务的目标，并使用反馈将学生的表现与具体化的评估目标联系起来。
让学生参与实践练习和对话练习，帮助他们理解任务标准。
让学生参与讨论反馈和正向反馈的目的。
设计反馈意见，以利于自我评价和后续的自我学习管理。
扩大反馈对话的参与者范围，纳入自我评价和同伴反馈。

来源：Spiller(2009)。

关于如何更好地给学生反馈的研究有助于我们为学生设计反馈。"评估：促进学生学习的反馈"一文提出了以下要点。

1. 当学生和教师都积极参与时，反馈过程最行之有效。学生通常认为反馈是老师的地盘（Taras, 2003）。

2. 评估设计，应该让学生能够看到参与反馈的直接好处。例如，将任务分成几个阶段，并提供对完成下一阶段至关重要的反馈。或者给学生一个临时分数，让他们有机会重新接触、讨论他们完成的工作，并可以利用反馈获得更高的分数。

3. 给予更多的指导而不是纠错的反馈（Hattie & Timperley, 2007）。提供信息的目的在于如何改进。

4. 将反馈与具体评估标准关联起来。在这一步，量表可以提供帮助（Nicol & Draper, 2008）。

5. 一旦学生已通过努力独立完成任务，教师就要尽快给予反馈（Hattie & Timperley, 2007）。

6. 使用学生能够理解的语言，并与任务及其改进直接关联（Duncan, Prowse, Hughes & Burke, 2007）。例如，说"拓展与研究结果密切相关问题的整体理解"可能对我们有意义，但这句话可能会让学生感到困惑。正如我们希望他们在写作时考虑读者一样，我们在传递反馈时也必须考虑受众。

7. 针对任务以及任务改进，反馈要非常具体。研究表明，此类反馈可有效提升学习效果。然而，表扬、奖励和惩罚对提升学习效果的作用微乎其微（Hattie & Timperley, 2007）。

8. 反馈应该与学习目标相关。反馈应该有助于减少当前理解和表现水平与最终学习目标之间的差距（Hattie & Timperley, 2007）。海蒂（Hattie）和廷珀利（Timperley）提出了以下三个问题：

a. 我要去哪里？对这项工作，我定的目标是什么？

b. 我要怎么走？我要的进展是什么？

c. 下一步该去哪里？我该如何改进？

9. 大量反馈并非总是好的（Crisp, 2007）。如果你让学生选择工作的一部分（而不是整个工作）来接受反馈，那么给出反馈和要求学生吸纳反馈可能更有价值。这恰恰也是一个以学习者为中心的行动，因为它让学生在反馈过程中拥有更大的自主权。

反馈是改进学习的关键。教学活动是因前期的用心设计而得到的好结果还是仅为一场盛大的表演秀，区别就在于此。除非我告诉学生，或者某些情况下，其他学生告诉他们，否则他们无法知道注释是否准确，构思是否完美，是否能够起到帮助提取记忆的作用。在我的课堂上，至少在早期，同伴反馈是存在问题的，因为几乎没有人知道如何做好注释。我的反馈和学生的应用是提高其表现的关键。

我们应该多久反馈一次？

回想一下，在 LCT 的定义中，我特别提到了教师的教学情境。这也适用于此。教师提供精心设计和有用反馈的能力越强越好，但这只是在教师有时间进行评估表现的范围内。我几乎每天都给学生反馈，因为他们在不断提高阅读技能，这对其在大学取得成功至关重要。我建议你制定一个反馈安排表，我们要认识到一月一次是不够的，但一天一次可能会不堪重负。不应该让学生抱着"我懂了"的错觉去做事，而在四周后才发现自己错了。定期反馈及其改进作用可以促进长期学习。虽然促进长期学习可能不是一个讲述者的基本技能，但它是一个有效学习促进者的基本要素。

这并不难

多年来，我一直在给未来的教师们上一门课，第一天上课的时候，我就会告诉他们，可以用一个词来概括一个重要细节，那就是"文档"，它把高效教师和低效教师区分开来。我要解释的是，特别高效的教师有数百节经过测试的、开发完善并有助于学生学习的课，而低效老师则没有相应的课。当你努力使教学从讲述变成促进，那么你就要接受这一点：你需要花时间来建立所需文档，这样学生就不会被动地听讲座，而是从事真实而有意义的工作。它可以是一个令人愉悦且富有创造性的旅程，但它需要一些计划、时间和努力来完成。

第五章　学生是谁？我们该如何更好地了解他们？

  我们必须了解学生的真实需求和信念，而不是我们认为他们应该有的样子。

——罗杰斯，雷纳德（Rogers & Renard, 1999）

  1972年，我在一所女子学院上的第一节课，授课对象为英语专业二年级学生。我记得，我是大楼里唯一的男性。当开口自我介绍时，我紧张得声音都哑了，所有的女孩都笑了。我很尴尬，但我坚持了下来。我继续去了解学生，欣赏她们的才能，获得她们的信任，为她们学习英国文学提供帮助。

与我们的学生有关

  我在1972年学到的是，教学在大多数情况下跟其他人与人的互动并没有什么不同。如果我们花时间来了解学生，尊重和重视他们，解释为什么我们需要他们参与学习过程，并与他们分享学习学科内容的好处，同时向他们证明我们把他们的重要利益放在心上，那么学习体验就有可能非常积极。

  本章讨论每天发生在课堂里的人际互动，以及这些互动如何对学习能否发生起决定性作用。也许我们中有些人可以在没有老师的情况下学习，但这并非是我们想要的学习方式。如果要创造一个吸引人的、令人兴奋的学习环境，那么了解我们的学生以及他们的安排、态度、心智和目标很有必要。我们必须致力于发掘现有学生的学习潜力，放弃那种希望有"更好"学生的想法。

第五章有三个不同的部分。第一部分讨论卡罗尔·德韦克（Carol Dweck）的工作。许多高等教育界人士对她关于学习心智的研究并不熟悉。这是有史以来最重要的研究之一，旨在帮助教师了解学生的学习行为，以及教师如何帮助学生改变其学习行为，从而获得学术和生活上的更大成功。

本章的第二部分为教师了解学生的具体策略，以及如何建立师生间相互信任、尊重和关爱的良好关系。如果学校学习能够满足学生的情感需求，那他们更有可能参与到学习中来。学校将成为一个激励人的地方（Rogers, Ludington & Graham, 1998）。

本章第三部分探讨了斯宾塞·罗杰斯（Spence Rogers）和丽莎·雷纳德（Lisa Renard）的工作，在过去15年里，他们发展了一种关系驱动型教学模式。该教学模式基于一项研究，即无论是在解剖学上还是在感知上，大脑都不会自然地将情感与认知分开（Caine & Caine, 1994）。大脑情绪中心，与皮层区域复杂交织，参与认知学习（Zins, Weissberg, Wang & Walberg, 2004）。当我们意识到并关注学生的情感需求时，意味着我们开始进入学习领域了（Rogers, Ludington & Graham, 1998）。

学生的心智

20世纪60年代末以来，当卡罗尔·德韦克还是一名耶鲁大学（Yale University）的研究生时，她就开始探索学生学习的心智了。最近，她把研究发现写进《心智：新成功心理学》（*Mindset: The New Psychology of Success*）一书，这本书是为非专业读者写的（Dweck, 2006）。她的研究结果显示，我们每天在课堂上遇到的学生对自己的智力和能力有着根深蒂固的看法。这些观点会影响他们参与学习任务以及迎接学习挑战付出努力的意愿。这些关于智力的根深蒂固的观点可以分为两类，德韦克称之为固定型心智（fixed mindsets）和成长型心智（growth mindsets）（Dweck, 2006, p. 67）。在固定型心智模式下，学生"认为智力是一种固定的特质——有些人有，有些人则没有——他们的智力反映在他们的表现中"（Dweck, 2006）。许多认为自己的智力是固定不变的学生同样相信，要么不需要努力学习就能取得好成绩，要么付出努力也不会有任何结果。

事实上，他们把付出努力视作他们不聪明的标志。他们得出的结论是，聪明的孩子学起来很容易。

成长型心智模式，是一种学生重视努力工作、学习和挑战，同时把失败视为可以从中学习东西的模式。在这种观点下，学生愿意承担学习风险，并理解通过实践和努力，他们的能力可以提高。成长型心智模式相信大脑是可塑的，智力和能力可以通过努力工作和实践来提高。这些学生相信只有时间才能证明他们有多聪明。

这些关于智力的观点在初中开始浮现，初中的课程里开始出现更为严格的学术性任务。当学习的挑战增加时，那些在小学时不需要付出多少努力就能成功的学生开始怀疑自己的能力。德韦克发现，这些学生拥有激发学习者自信的能力——但只是在学习过程比较容易时。当挫折发生时，一切都变了。德韦克和她的同事伊莱恩·艾略特（Elaine Elliott）发现，那些没有被挫折吓倒的学生和那些被挫折吓倒的学生之间的区别在于他们的目标差异。"以掌握学习为导向的学生（那些有成长型心智模式的学生）真的会拼命学习"，而学习目标会激发与成绩目标不同的思想和行为链条（Dweck, 2007）。对那些把成绩看得很重要的学生而言，他们想让自己看起来很聪明，即使这意味着他们在学习过程中没有学到任何东西，或者为了让自己看起来更好而贬低别人。对他们而言，每一项任务都是对自我形象的挑战，每一次挫折都是对个人的威胁。因此，他们只追求那些他们肯定会发光的活动，而避免在任何努力中茁壮成长所必需的各种体验（Dweck, 2007, p. 58）。

德韦克谨慎地指出，这些心智与环境相关。一个学生认为他不会做数学，因为他天生不具备学数学的能力，加倍努力工作或额外帮助无益于他学习数学，但他愿意上吉他课，并会每天练习吉他三个小时，因为他知道只有实践才能提高其演奏能力。德韦克研究的另一令人惊讶的发现是，学生能力或智力与成长型心智的发展之间没有联系。一个聪明的学生养成了固定型心智模式，而另一个聪明的学生养成了成长型心智模式，这与每个学生如何看待能力相关。在固定心智的情形中，由于错误的信息和他人（包括教师）相反输入的缺失，学生已经接受了一个对其有感觉的信念体系："工作越来越难。我不再足够聪明，如果我没有相应能力，那么我再努力也将无济于事。"

这项研究对我们的高等教育意义非常深远。每年秋天，成千上万的学生报名参加其认为自己没有能力通过的课程。他们还认为，寻求辅导、到教师办公室获取额外帮助，或者只是更加努力地学习，都不会有任何改变。持有这种信念是因为他们对自己智力的看法有缺陷。我们的工作之一是帮助他们认识到，他们目前的表现水平只反映了他们目前的技能和努力，而不是他们的智力或价值。我们需要纠正其错误观念，让他们看到，所有人都有每天变得更聪明的潜力。

识别学生的心智

当我第一次读到卡罗尔·德韦克的研究成果时，我的思绪飘到了自己多年来如何看待学生的问题上。我意识到，我总是认为缺乏努力是懒惰，不寻求辅导或到我办公室获取额外帮助是不负责任或不成熟的表现。我现在意识到，对许多学生而言，这些行为是其心智的直接反映。他们认为自己从来都不是一个好的读者，而现在什么也改变不了这一点。我也意识到，那些努力提高的学生可能与那些苦苦挣扎或不愿一试的学生有着完全不同的心智。他们没有比别人更聪明，他们只是以不同的方式看待自己。

为了帮助我们认识到学生在各种心智中所表现出来的行为和态度的特点，我将转向迈克尔·理查德（Michael Richard）的工作，他区分了固定型心智和成长型心智各六个方面的特点。

固定型心智

1. **自我形象**。学生认为他们的智力是固定不变的，并不意味着他们不会继续寻求积极的自我形象。这种行为的表现形式是，只做简单的工作，让别人看起来很笨，或者贬低别人的成就，让自己看起来很聪明。

2. **挑战**。有固定型心智的学生通常会坚持做自己认为能做好的事情。其他的挑战则是能避则避，万一失败，怕自我形象受到破坏。作为一名指导老师，多年来一直听到学生问："有什么简单的课程我可以上吗？"这种要求可能是一种固定型心智的表现。

3. **障碍**。障碍被定义为外部的或超出个人控制的事物，因此很难避免，学生经常找些借口或通过旷课来逃避。

4. **努力**。学生认为努力是不愉快的，不会有任何积极的收获，因此他们不愿付出努力。他们对"巨大努力"的理解可能远远达不到在学术上取得成功的实际要求。这也可能助长其认为努力是徒劳的观念。

5. **批评**。任何对学生能力的批评都被视为对他们个人层面的批评。有用的批评通常被忽视，甚至被视为一种侮辱。这种对批评的个体反应导致改进的机会越来越少，因为他们不愿意采纳任何可以帮助他们改进的反馈。

6. **他人的成功**。固定型心智的学生认为他人的成功会让自己很难堪。他们可能试图说服其同伴，他人的成功是由于运气或一些令人不快的行动。他们甚至会试图转移人们对他人成功的注意力，转而提起与自己不相关的个人成功或当前获得成功者之前的失败。

成长型心智

1. **自我形象**。学生的自我形象与他们的能力无关，因为他们认为自己的能力可以进一步发展和提高。学习的欲望最为重要。

2. **挑战**。接受挑战是因为学生相信面对挑战他们会变得更强大。他们相信通过努力会发现有价值的信息。

3. **障碍**。因为学生的自我形象与他们的成功或他人如何看待他们无关，学生把失败视作一个学习的机会。所以，从某种意义上说，他们都是赢家。在学习和进步的道路上，障碍只是一个小插曲。

4. **努力**。学生认为，努力对于成长和最终的熟练掌握是必需的。努力是学习过程中很自然的一部分。

5. **批评**。虽然这些学生并不比其他人更喜欢听到负面的批评，但他们知道这不是针对个人的，而是为了帮助其成长和提高，并且他们相信自己可以有所提高。他们还认为批评只针对他们目前的能力水平，认为这些能力可随时间和努力而改变。

6. **他人的成功**。他人的成功被视作他们可以学习的灵感和信息。

改变学生的心智

一个教学生把智力、价值与其表现等同视之的课堂，通常会扼杀学生的学习欲望，使学生害怕挑战。毕竟，下一个挑战可能会出现在你面前，让你被刻上不那么聪明或不那么有价值的烙印。

——德韦克（Dweck, 2006）

研读这份研究成果时，经常会出现这样的问题："为什么学生或他们的老师不去识别这种固定型心智，并采取行动呢？"在学生看来，如前所述，通常没有其他建议为他们提供不同视角，并且保护他们的自我形象是非常重要的。此外，学生可以隐藏这种固定的信念，把它包装成一种权利意识或选择性自我确认意识（Atkins, 2007）。

老师们通常不熟悉这项研究，并把这些行为归咎于其他原因，如懒惰或不成熟，一如我之前的所思所为。我们如何帮助学生改变其心智呢？德韦克在2007年对初中生进行的研究为我们提供了一些重要的见解。这项研究包括为91名初一数学成绩下降的学生开设一个为数八节的研讨会。其中48名学生只接受学习技能方面的指导，而其他学生则参加研讨和上课相结合的学习技能的研习，在这些课程中，他们学习了成长型心智的相关内容以及如何将其应用到学业中。在这八次研讨中，学生阅读并讨论了一篇题为"你可以训练你的大脑（You Can Grow Your Brain）"的文章。"学生被教导说，大脑就像一块肌肉，使用后会变得更强壮，学习能促使大脑中的神经元产生新的联结。"通过这种教学，许多学生开始把自己视作自身大脑发育的代理人。曾经捣乱或感到无聊的学生，开始安静地坐着并动手做笔记。一个男孩说："你是说我并不傻？"研究结果表明，培养学生采用智力的成长型模式对动机的生成和数学成绩的提升有催化作用，而对照组学生尽管接受了所有其他干预，但并未得到什么改善（Dweck, 2007, p. 56）。

德韦克的研究发现，从小学到大学，所有年龄段的学生都可以接受这种可变的观点。我们可以教育学生，他们的智力技能可以通过努力工作、阅读、教育、直面挑战以及其他成长活动来培养（Dweck, 2007）。德韦克解释说，学生可能知道如何学习，但如果他们认为自己的努力是徒劳的，他们就不会想要学习。"如果你坚信这一观点，你将获得出乎意料的好处。"（Dweck, 2007）纽约大学（New York University）的研究人员约书亚·阿伦森（Joshua Aronson）证明，当大学生被告知智力是可以发展时，他们的平均绩点（grade point average）就会提高。

以下是德韦克就如何帮助学生改变心智模式提出的几点具体建议。

1. 表扬学生的努力和策略，而不是他们的智力。表扬学生的聪明才智，即使是在其取得优异成绩之后，会让他们在短期内感觉良好，但研究表明，这样做会产生许多负面影响。相反，表扬学生的努力有许多积极的影响（Dweck, 2007）。现在的困境是：如果表扬让学生相信他们是因为聪明才考得好，那么当他们考得不好时，他们会怎么想呢？

2. 告诉学生，他们可以训练自己的大脑。我们每个人都需要与我们的学生分享神经科学的研究成果，这些成果清楚地表明，通过努力和实践，新的神经元网络会被创造出来，并成为永久性的。这些新的网络使我们变得更聪明。这对于改变学生的固定型心智非常重要。我已经在第一章和我的网站 www.learnercenteredteaching.com 上详细介绍了这些信息。

3. 当学生失败时，把反馈集中到付出更多的努力和运用更好的策略上。这是创造成长型心智的关键因素。我们要把反馈的重点放在学生如何进步上，这通常涉及分享新的或不同的策略供他们尝试，并强烈建议他们付出更多努力。我们分享的建议越具体，学生改进的可能性越大。如果一个学生给我的反馈是我的考试太难了，我很难知道该做什么改变，因为反馈太模糊了。如果要编制一个更好的测试，我需要了解关于更改内容的具体细节。

4. 帮助学生理解应对挑战的能力与实际技能或能力无关，而与他们的心智相关。我们需要帮助学生认识到，承担学习风险并从他们的经历中学习是最为重要的。但如果我们还把分数等同于成功，那这对许多学生而言是难以理解的信息。

5. 让学生认识到，当下的表现只反映当前的技能和努力，而不是他们的智力或价值。用示例来说明改进只是来自于改进的技巧。增加你的努力来说明这一点。

6. 提供依据证明学生的固定性信念是错误的，但也要教他们在课程中取得成功所需的探究技能和学习技能。教学生在我们的内容领域中获得成功所需要的学习技能，是帮助其了解新技能如何改进表现的必要部分。我们可以帮助他们理解智力不是问题，他们只是需要一些新技能。

学生可以做什么来帮助自己？

答案是大量的自我会话。卡罗尔·德韦克提出了以下建议。

步骤1。学生需要学会倾听他们固定型心智的"声音"。当他们陷入一种固定型心智时，学生能够学会倾听并意识到这一点。学生可能会对自己说，或者在脑海中听到这样的话："你确定你能做到吗？也许你没有这个天赋。"或者"如果你失败了，你将会是一个失败者。"

步骤2。学生需要认识到他们有选择的权利。他们如何理解挑战、挫折和批评是他们自己的选择。学生需要知道，他们可以选择提升自己的策略和努力，拓展自我，并扩展自己的能力。这取决于学生自己。

步骤3。学生需要用一种成长型心智的声音进行自我会话。固定型心智的声音会说："你确定你能做到吗？也许你没有这个天赋。"成长型心智的声音会回答："我不确定我现在能不能做到，但我想我可以投入时间努力学会。"固定型心智的声音可能也会说："如果你失败了，你将会是一个失败者。"但是成长型心智的声音会回答："大多数成功人士在成长之路上都有过失败。"

步骤4。学生需要采取成长型心智的行动。我们的学生选择成长型心智的声音越多，他们就越容易一次又一次地选择它（Dweck, 2009）。

建立促进学习的关系

当学习有意义时，学生才会参与其中，而有意义学习是满足人类根深蒂固的情感需求的一种活动。

——格拉瑟（Glasser, 1998）

关于关系驱动型教学，人们可能会问："还有其他类型的教学吗？"我猜想有些人可能会说："当然，如果你考虑到许多老师与学生几乎没有联系，而是漠不关心地介绍新信息、布置作业和进行考试。"然而，在以学习者为中心的教学模式中，人际关系在优化学生学习中扮演着重要角色。

以这两种常见的学习情景为例。首先，我们介绍一堂新课，这对学生而言是困难且具有挑战性的，我们知道他们将艰难地初步理解材料或新技能。在这种学习情况下，学生需要相信我们把他们的最大利益放在心中，我们永远不会把他们放在一个很难成功的学习环境中。在这种困难的学习环境中，我们培养和建立了一种相互信任的关系，并通过有意识的努力在个人和专业层面上与他们进行交流，这种关系将支撑着我们的学生。正是这种信任帮助他们坚持不懈地努力。

第二个例子是给予批评。假设我们刚刚完成了一项重要工作的检查，并对学生所展示的能力水平或所付出的努力感到不甚满意。我们认识到有必要提出大量建设性的批评，既涉及工作的实质内容，也涉及努力的内容，或缺乏努力的内容。我们的批评被学生接受和重视的可能性与我们和他们之间的关系直接相关。如果学生知道我们关心他们，希望他们提高和发挥他们的潜力，那么他们就很有可能接受反馈，并用于改进未来的工作。

考虑到在教学中投入的时间和精力，我们想要尽自己所能让我们对学生的努力结出果实，这似乎是常识。这意味着要创造一个学生想要的学习环境，因为他们知道自己在这一环境中受重视和尊重。我并非说我们一定要成为他们的朋友或伙伴。毕竟，有多少18岁的人愿意和一个喜欢读书的59岁的人出去玩呢？我只是想说，在任何人际交往中，尤其是在像教育学生这样重要的交往中，信任、尊重和关爱的程度往往决定了一个人愿意付出多少努力。如果我和你没有关系，那么你就不愿意为我做任何出于礼貌以外的事情。例如，在我做关于以学习者为中心的教学（LCT）的演讲时，我曾问过许多大学教师是否愿意给我20美元。我告诉他们我真的需要这笔钱。他们的回答从礼貌的"不"到"你疯了吗？"都有。我要不到那20美元的问题出在哪里？因为我和这些大学教师没有任何关系，也没有给他们任何好的理由来给我钱。我想说的是，如果我能在尊重和信任的基础上与他们建立关系，他们会更愿意给我钱。如果我们要建立一种关系，我觉得有必要给他们我需要这笔钱的充分理由。我们的课堂也是这样运作的。如果没有积极的关系，那么尝试、学习和成功的意愿也将不复存在。

运用常识与学生建立关系

我教的第一堂课是在1972年。从那时起，我掌握了一些我认为在与学生建立关系方面真正有价值的东西。以下是我的建议。

1. 对待学生就像对待子女一样。我的妻子朱莉（Julie），负责协调费瑞斯州立大学（Ferris State University）的酒店管理项目（Hospitality Management Program），25年来她一直把这句话作为自己的座右铭。她说，这让她有更多的耐心，并努力在个人的层面上与学生建立联系。她一直告诉我："坐在那里的可能是布兰登（Brendan）或杰西卡（Jessica）（我们的孩子），所以我给予学生的兴趣、关爱和尊重与这两个孩子是一样的。"这句话对她有什么用？自从她接手这项工作以来，这个项目的规模已经扩大了两倍多。几乎每天，她都会帮助学生转入这个项目，因为他们的室友或朋友会告诉他们，酒店管理的老师对学生表现出了令人惊讶的个人兴趣。这也让朱莉能够给她的学生提供他们在专业发展方面所需的批评，而不会让他们对她或这个项目产生怨恨或敌意。结果是，项目的毕业生准备更充分，公司非常愿意雇用，毕业后的就业率高达98%。

2. 在学习过程中给学生一些选择机会。这是我将在第六章详细讨论的主题。关键是让学生学习选择机会，传递对他们的决策能力信任的信息，相信他们具备对自己学习负责的能力，并且愿意让学生用自己的才能（通常是大多数教学大纲没能发现的方式）来展示他们所学到的。结果往往能够发现学生在传统评估标准之外的才能。

3. 尽可能与学生进行一对一的交谈。这听起来可能有点奇怪，但在我的职业生涯中，我遇到过很多不喜欢年轻人的老师。他们不喜欢和年轻人说话，也不喜欢和他们在一起。我想有人忘了告诉他们，当他们被聘用时将要教谁。与学生建立积极关系的最简单的方法之一就是与他们交谈。在课前、课后以及课上与他们交谈。花几分钟的教学时间用于建立人际关系，可以大大提高学习过程中的参与度。学生想让我们跟他们交谈。他们并不总是表露出来，但研究表明这是真的，并且这对学业有好处。在《依靠社会和情感学习获得学术成功：研究都说了什么？》(*Building Academic Success on Social and Emotional Learning: What Does the Research Say?*)(Zins, Weissberg, Wang & Walberg, 2004) 一书中，作者表示，当我们与学生建立个人和职业关系，在此关系中把学生视为伙伴时，学生不仅对学习过程感觉良好，还能学习社会和情感技能，而这些技能有助于其专业发展并提高其学术表现。此外，还有简单朴素的乐趣。

我一直很喜欢大一的学生。这并非说他们不会感到沮丧，但他们正在经历如此多的变化，所以我觉得帮他们做出这些改变是很有意义的。我的努力得到了什么？我让那些喜欢我的课的学生变得更放松，并知道他们可以成为更好的读者。我知道，在学期之初，学生并不喜欢上其心目中小学水平的阅读课。我可以通过两种选择解决这一态度问题：努力用幽默、故事、个人轶事来与他们进行联系并确保要求他们改善的技能对大学成功至关重要，或者干脆每周面对这群爱抱怨的年轻人3次。我选择前者。此外，他们告诉我生活中的趣事，这些事情增强了我的教书乐趣。

4. 从个人和教育角度关心他们。我毫不怀疑99%的老师是关心学生，并希望他们成功的。然而，把这种信念藏在内心，不同于公开地、经常地向学生表达它，也不同于用我们的行动来证明它。我知道我的孩子们知道我爱他们，但我也知道他们需要听我说出来并表现出来。我们需要在课程中使用同样的思维过程。告诉学生你重视他们，并通过对其学习的输入、选择和一些控制来证明这一点。倾听他们的问题和抱怨，并欣赏他们的家乡。这并不意味着你需要让步或降低标准。它只是意味着你从学生个体或教育的角度关心他们。

5. "永远不要把你可以归因于无知的东西归因于恶意"(Ruggerio, 1995)。几年前，文森特·鲁里奥(Vincent Ruggerio)(他写过许多关于批判性思维的文章)在我们学校演讲时，向我介绍了这个概念。学生经常意识不到他们的行为是恼人的，或与大学生学习环境中的预期行为不一致，这是我没有真正考虑过的。我意识到，学生在学业准备方面尤其不成熟，这种不成熟常常导致他们做出与大学学习环境不匹配的行为。然而，我从来没有真正考虑过，这可能是因为他们不知道如何表现，或者由于他们缺乏元认知或先前知识，他们没有理解不适当行为的社会迹象。这个想法改变了我对这些行为的看法。我开始把学生的每一个行为问题，无论是个体的还是学术的，都视为教他们正确行为方式的机会，而不是作为对他们生气或发怒的理由。我发现，当我把每一个瞬间都当作教学的时刻时，不仅我在课堂上行为得当，我们的师生关系也更好了。我确信学生的行为有时会出于恶意，但这样的行为少之又少。更常见的是，学生没有意识到其行为打扰了别人，或者是他们不知道课堂的礼仪。

关系驱动教学的原则

斯宾塞·罗杰斯和丽莎·雷纳德在1999年9月的《个性化学习杂志》（*Personalize Learning Journal*）上概述了关系驱动教学的两个基本原则。

1. 首先要理解你的学生。他们发现了什么激励因素？他们相信什么？

2. 管理学习环境，而不是学习者。建立可以培养学生的高质量内在承诺条件，而不是试图控制学生。学生将探索需要做的事情。

需满足的标准

罗杰斯和雷纳德还列出了所有教师需要努力达到的标准。

1. 营建一个安全的课堂。

• 避免尴尬和身体威胁。如果学生认为你消除了威胁，他们就会感到安全。

• 只有当学生感到安全时，他们才会去承担学习的风险。

• 当教师尝试新的策略或想法时，他们不会惩罚自己。我们只是再教一次，再试一次，直至达到教学目标。学生也需要有练习时间。

2. 努力使学生所做的工作对他们自己有价值。

• 要求学生寻找在课外现实世界中应用这些信息的方法。

• 将内容嵌入学生感兴趣的活动中，如实地考察、动手模拟、角色扮演等。

• 与学生一起进行头脑风暴，寻找更愉快或更独特的学习方法。

• 为学生的努力寻找听众。向其他班级、业内人士或其他大学教师介绍他们的工作。

3. 提供学生成功的证据。

• 让学生记录自己的进步。

• 提供清晰、有意义的反馈,要求学生运用这些反馈来改进学习。

4. 创设一个充满关爱的课堂。

• 微笑。

• 使用邀请性语言:"我希望我们所有人……"

• 建立共同体:"我们都在一起。"

5. 运用最佳实践。

• 学习如何成为一个更好的老师。

• 与同事交谈,阅读文献,使用已经取得成功的教学策略。

• 让学习变得积极、真实、有挑战和有意义。

我们都在一个团队里

教学不是"我们和他们"之间的竞争。也许有一天会有这样的感觉,但这种感觉不会帮助我们优化学生的学习。我们都在同一个团队里,我们每天都要把这一点传达给学生。我们的目标很简单。我们希望学生在学术上和个体上都取得成功,我们的承诺是尽我们所能帮助他们实现这一目标。学生需要知道我们不能制造他们的成功:成功与否永远取决于他们自己。但与此同时,他们要知道,我们永远不会成为他们取得成功的障碍。我们在培育良好关系的过程中传递了这种支持。

第六章　分享控制和提供选择

帮助学生学习的一项重要法则是帮助学习者掌控学习。

——祖尔（Zull, 2002）

我们有控制的大脑在奖励或惩罚两种情形下第一个看到的事情就是失控。

——科恩（Kohn, 1993）

在2007年澳大利亚高等教育计算机学习学会会议（Australian Society for Computers in Learning in Tertiary Education Conference, ASCILITE Conference）上，有一个关于真实性学习模拟的精彩报告，该模拟是为加强职前教师的准备而开发的。报告者模拟的目标是"设计一个学习环境，它允许：多种描述方式，为学习者提供各种获取信息和知识的方式；多种表达方式，为学习者提供展示已知知识的选择；以及多种参与方式，以引发学习者的兴趣，适当地挑战他们，并激励他们学习"（Ferry, Kervin, Carrington & Prcevich, 2007）。或者，简单而言，模拟的目的是让学习者选择如何使用材料，并控制如何展示所学内容。这是最好的以学习者为中心的教学（LCT）。

选择过程

学生总是在学习上做出选择。他们选择参与学习或不参与学习。他们要么选择完成任务，要么放弃。他们选择尊重别人，或困扰别人。本章主题是与我们的学生分享权力。这种分享以两种截然不同的方式进行：一种是让学生选择在课程中用到的各种政策和程序要求，另一种是让学生在学什么、如何学以及如何证明学到了什么上有更多的控制权。

当我们为学生提供学习内容和学习方式以及对学习如何发生进行更多控制的有意义选择时，就是在优化他们学习过程中选择参与、参加、分享和努力的机会。新的研究证实，当一个人对如何吸收新信息有一定的自控权时，可以显著提高其记忆能力（Voss, Gonsalves, Federmeier, Tranel & Cohen, 2011）。

接受这种分享过程的理由始于这样一个事实：这是学生的学习，而不是我们教师的。是的，我们分担学习的责任，但这不是为了我们教师。事实上，这一切都是为了学生。如果我们在课堂上做我们想做的，考虑什么是对自己最有利或最容易的，那么作为老师我们已迷失了方向。课堂必须成为对学生最有利的状态，即使它对教师来说会是更耗时和要求更高的。

控制欲是人类的天性（Zull, 2002）。进化为我们提供了生存机制，包括控制我们生活的能力。无论我们做什么，学生都将控制和选择自身的学习。本章提供了多种选择，让学生在学习过程中进行选择和控制，从而提高学习效果。我认识到，许多教师不愿意与学生分享对学习过程的控制权，所接受的训练往往也是与此相反的。我们被告知要严加控制，学期初开始就要严格要求，才有可能在学期后期适当放松。这个建议产生于他们与我们对抗的心态（them-versus-us mentality）。课堂被视为一个对抗或权力斗争的场所。这一模式的问题在于，在任何对抗或权力斗争中都有赢家和输家，而在99.9%的情况下，学生都是输家。在LCT方法中，目标是共享权力和增加选择，从而创建一个双赢的课堂模式。

分享权力

表6.1列出了我们每学期开设的课程中所进行的16项活动或决定。对每一条目进行检查，并指出是不是你做了决定（老师），学生做了决定（学生），你和学生一起做决定（一起），或者你的课程里用不到该条目（不适用）。虽然这

个列表可能不包括课程中会做出的每一个决定，但它确实代表了影响学生学习的大多数重要决定。看完清单后，数一数你自己（老师）做的决定的数量，以此来衡量你现在与学生分享的权利有多少。没有什么神奇的数字能告诉你，"我分享得够多了"或"我分享得还不够多"。这一操练只是一个机会，让我们重新思考决策过程，并决定是否有更多权力可以与学生分享。

表6.1 分享权力

决定	老师	学生	一起	不适用
1. 课程教材				
2. 课程考试时间				
3. 考勤政策				
4. 作业迟交政策				
5. 迟到政策				
6. 课程学习成果				
7. 办公室接待时间				
8. 主要论文的截止日期				
9. 教学方式和/或方法				
10. 小组形成				
11. 写作或研究项目的主题				
12. 评分量表				
13. 分组讨论指南				
14. 自我评价和同伴工作评价的量表				
15. 是否允许重写论文				
16. 是否允许重新测试				

共享构建共同体

当我们选择与学生分享权力，让他们参与影响他们学习的决策时，一些非常积极的事情就会发生。首先，我们把课堂从师生两分变成了一个学习者的共同体。在这种环境下，所有人都要对课堂里发生的事情负责。例如，如果迟交作业政策是由教师和学生共同决定的，那么教师就不再是规则的强制执行者。

可以说，我们摆脱了困境。如果一个学生迟交作业，他或她的参与已经决定此行为的后果。学生必须对后果负责，因为是他们帮助制定了政策。共享决策使课堂从"我负责"变成了"我们是一个共同体"。其次，我们采取的每一个行动都在向学生传递某种信息。愿意分享权力的信息表明，我们相信学生可以做出明智的决定促进他们的学习，而且此决定对所有人来说都是公平的。这是一个强有力的信息。

我意识到许多人会对共享表 6.1 中的某些条目感到不舒服。我的建议与《以学习者为中心的教学》（*Learner Centered Teaching*）一书的作者玛丽埃伦·韦默（Maryellen Weimer）在 2002 年给出的建议相似，那就是"慢慢来"（Weimer, 2002）。我认为我们应该慢慢来，但不要太慢，因为创建一个学习共同体的好处远超我们承担的风险或可能感到的不适。同样要特别注意，我们寻求学生提供的各种情况，并不意味着我们必须采纳。我们有责任保持高标准，如果学生的投入会危及这些标准或妨碍学习，那么我们完全有权利说："谢谢你，但你的改变建议无法实施。" 10 多年来，我从与学生分享权力的教师那里得到的反馈是，学生认真对待权力，给出合理的建议，并在行动中注意公平。

如何分享权力

我将表 6.1 中的 16 个策略和实践分为三类。每个类别包含一个纲要，主要是如何从学生那儿得到输入，并具体到每个领域。当然，我的建议并非前进的唯一途径，但在过去 10 年里，我的建议已经被全国各地的大学教师成功运用。

第 1 类：如何在制定课程政策时分享权力
- 出勤
- 迟到
- 作业迟交
- 重新测试
- 重写论文

在制定以上政策时，共享权力的最好方法是使用小组讨论。然而，为了让学生提供有效的信息，他们需要明确的理由解释为什么教师要与他们分享权力。

基本理由

• 这是学生的学习，不是教师的，所以学生应该在这方面拥有很大的发言权。

• 分享可以形成学生学习体验中的主人翁精神。

• 分享权力可以形成共同体。它使课堂远离了教师学生相对立的模式。

• 分享将责任转移到学生身上。他们将在未来大部分时间里对自己的学习负责，所以他们现在就需要实践。

我猜你们可能会想到其他分享基本理由，但是以上这些足以让我们开始动手了。

行动步骤

1. 介绍要求学生协助撰写的课程政策。通常可以同时讨论 3 到 5 个独立的政策。根据政策的数量，整个过程通常需要 15 到 30 分钟。

2. 让学生组成 4 到 5 人一组的小组。

3. 要求分小组讨论每一项政策，并就认为对他们公平的地方提出意见，从而促进学习过程。让学生记下其想法。学生在这些政策方面有丰富的体验，而且有能力提供有意义的建议。

4. 5 到 10 分钟后，让每个小组分享他们的想法，同时记录在黑板、电脑屏幕或活动挂图上。如果你记录每个小组的想法并将其展示给所有人看，那么制定最终的政策就变得简单了。

5. 一次只处理一项政策。在对第一个政策的所有想法提出来后，进行一次讨论，让全班都有机会发表意见，并将意见记录下来。经过几分钟的讨论后，按照相同的步骤进入下一个政策的讨论。一项政策可以先形成多个版本，而后让学生通过投票做出选择。

6. 此时，你可以在两个选项中二选一。如果已确定了明确的建议政策，你可以让学生对建议政策进行投票。投票应该通过无记名方式进行。如果进行投票，运用简单多数原则。或者，你可以把所有政策建议带回家，并把它们写成书面的政策声明。然后第二天让学生在班上投票。两者都是令人满意的可取行动。我个人更喜欢后者。一旦投票完成，这些政策就会被添加到教学大纲中，成为课程的正式部分。

第 2 类：分享组织问题上的权力
- 论文截止日期
- 考试日期
- 评分量表
- 论文和项目的主题
- 小组形成
- 办公室接待时间

这类问题最好在学期中随着课程进展的需要单独处理。小组讨论或大组讨论都可以。

作业截止日期和考试日期

经验告诉我们的学生，许多老师为考试、项目和/或论文选择相同的时间安排，导致大量的任务都要在非常短的时间内完成，通常在学期的第四、第八和第十二周左右。如此一来，许多教师看不到学生最好的表现，因为我们把学生放在了一个超负荷的境地，要求他们在学什么内容和写什么论文之间做出选择。结果，无论考试还是论文都不是他们最好状态的体现。我意识到找到分散学习和考试的时间并不容易，但如果想优化学生的学习，那么花时间讨论作业截止日期和考试日期非常重要。仅仅 10 分钟的课堂时间就可以用来设定最优的作业截止日期和/或考试日期，这意味着学习和评估结果的改善。

如何决定成绩

从小学一年级开始，学生就从老师那里清楚地听到这样的信息：分数很重要。我很想说我们的教育体系正在偏离这一情形，但那将是一个弥天大谎。学生知道好的成绩等同于研究生学院、更好的工作、奖学金和吹牛的资本。因此，学生在课程中获得分数的最佳方法似乎是一个需要讨论的重要话题。例如，学生是愿意有更多的论文和项目，还是愿意有更多的考试？学生喜欢 3 周一次考试还是 5 周一次？3 周一次更有利于内容掌握，但也意味着更频繁的考试。给学生的选择会因不同老师而不同。当我们提供选择时给学生的信息是，我们真的希望他们能够出类拔萃，愿意为其提供教学大纲中最为重要（对大多数人来说）的内容：他们将如何获得分数。

论文或项目的主题

在学生学习课程内容时，只要有可能，我们应让其选择探索主题。原因很清楚，选择有助于提高对主题的兴趣，提高兴趣意味着提高参与度，参与度的提高可能意味着更好的结果。此外，当学生选择主题时，会对自己的决定负责。他们不能怪罪老师布置了一个无聊的主题。选择的自由传达了一个信息：老师相信他们的判断，尊重他们的自学能力。这是两个强有力的信息，能够提高学生作为学习者的自信。

小组将如何形成

在课程中形成小组的方式取决于工作的性质。研究人员提出了三种一般的类型：非正式小组，是临时性的，通常在一节课内完成其工作；正式小组，是为完成特定任务而组成的，可以在几节课里一起工作；研究小组，往往持续整个学期，且服务于各种学习需要（Davis，1993）。我将在第八章中更为详细地探讨此主题，这里暂且不作细述。在适当的时候，允许学生选择小组可以传递一种积极的信任信息。正如我妻子经常说的那样，这让学生处于一种"要么明智选择，要么承担后果"的境地。这是一种非常真实的学习体验。

办公室接待时间

我见过一位教授，他说他每次在办公室工作10分钟。例如，学生可以在上午10∶50到11∶00之间见到他，一周四天。我问他是否认为这是帮助学生的最好方法，他的回答是："他们从不来我办公室，所以我不知道。"

以多种方式，把办公室接待时间安排在学生（而不是我们老师）最适合的时间，是以学生为中心的教学的终极体现。我们都知道，一些最好的学习将发生在学生与我们一对一的时候。这里的目标是优化一对一的学习，通过调查了解最适合学生的时间，并根据获得的信息安排办公室接待时间。说到这里，我意识到，如果按照学生的日程安排，那就不会再剩下完美的时间了。在教学之外，我们也有自己的生活，可以有万千理由不设定某些具体的时间。然而，实实在在试着满足学生的需求发出了一个很好的信号，那就是我们愿意尽一切努力帮助他们获得成功。说到底，我们真的认为会有很多学生在上午10∶50到11∶00之间来办公室吗？

第 3 类：教学和内容问题
- 教材
- 学习成果
- 教学方法
- 讨论指南
- 量表

课程教材

课程教材设计正在发生一场革命。而它的到来，并非像在拐角处，而更像是在一个街区之外。目前，像动态书籍（Dynamic Books）这样的公司为大学教师（可能吸收了学生的意见）提供了课程内容的完全控制权。教师可以添加、删除和重新安排章节。他们可以上传新的材料，如链接、视频、音频以及文本文件。动态书籍可以让人更改文本的任何一个部分。因可灵（Inkling）公司，一家由前苹果员工马特·麦金尼斯（Matt MacInnis）创办的科技初创公司，目前正在开发可在 iPad 上使用的交互式文本。这些文本不仅能让学生阅读概念，还可以链接到一个视频或网站，用以解释和加强对概念的理解。电子教科书供应商课程智慧（Course Smart）推出了一款 iPad 应用程序，允许学生在 iPad 上携带所有课本；学生将只需携带平板电脑就可去上课，而不是背着装满纸质书的沉甸甸的书包。

这些新式教材为我们提供了多种可能，我们有必要让学生参与课程教材的决策过程。考虑到成本和面临的文本设计动态变化，收集学生意见显然是件正确的事。我知道你可能会对自己说，我即将开课，得马上订购教材了。这在今天可能是真的，但在不久的将来可能会有所不同，到那时一收到学生的指令，书籍就可以立即下载到 iPad、智能手机或其他设备上。现在，我们可以问问当前的学生，他们认为对于下学期要学习这门课程的学生来说，哪本（些）书用起来最得心应手。

课程学习成果

考虑到学习成果一直是课程委员会和教授这门课程的教师的独占领地，这个问题被放在列表上甚至可能会让一些教师感到惊讶。之所以把它包括在内，是因为现有可获取的信息量的增长速度是 25 年前未曾想过的，而且课程安排得如此之满，以至于我们无法给每个学习成果以相同的时间。向学生展示成果，并问他们哪些成果最需要老师的深入帮助，哪些成果只要老师少量的建议他们自己就可以处理，这合情合理。回忆一下我在第三章中抛出的一个重要问题——怎样利用时间才是最好的呢？通过讨论来确定我们时间的最佳利用，就是对我们时间的一种很好利用！

教学方法

许多教师选择教学方法是基于这些方法将如何帮助学生达到特定学习成果的考虑。我经常这样做。例如，我可能会使用小组来促进学生学习课程内容，但我也会使用小组来帮助学生获得一项涉及组织技能发展的课程学习成果。因此我不会问学生更喜欢哪种教学方法。然而，如果你使用的方法与学习成果无关，那么与学生讨论帮助他们以最简洁的路径学习的方式或方法就有意义。我们都知道一些学生讨厌小组作业，而另一些学生却喜欢小组工作。让学生选择独立学习或与他人一起学习是分享权力和优化学习的简单方法。给学生以选择，同样适用于如何展示学习。允许学生选择其展示所学知识的方式通常会产生更好的结果。

大组讨论或小组讨论的指导原则

本主题将在第七章中详细讨论。当涉及小组运作的权力分享时，让学生参与很有意义，主要有两个重要原因。首先，学生过的一直是集体生活，他们知道让一些小组成功而另一些小组失败的因素是什么，他们有重要的信息要分享。其次，如果小组的运作由学生设计，那么他们就有责任让小组正常运转，这是LCT的目标之一。

自我评价或同伴工作评价量表

刚开始教学时，我会问学生一些问题，希望能引发他们的讨论和自我反思。以下是我问的一些问题：你们对此有什么看法？你们如何看待这个角色的演变？你们对那个角色的感觉如何？不幸的是，我会听到这样的回答："很好。""我喜欢他。""我恨他。""我不知道演变是什么意思。"

我当时不知道，但很快就了解到，我的学生认为他们的答案不但正确，而且完整。我之所以提起这个教训，是因为我们从让学生参与讨论应该用什么标准来帮助他们评估自己的工作或同伴的工作中可获得两个好处。首先，我们发现，我们的学生不一定知道什么是好的工作，在我的事例中，他们不一定知道什么是一个好的答案。其次，我们要让学生有机会表达对高质量工作的感受或想法，以及应该如何做出评判。当我们的学生知道其建议被认可，将会成为量表的一个构成元素时，他们就有真正的动机认真对待这个过程。这一过程的另一个好处是，在学期之初，结合学生意见设计量表，可以更加明晰我们对学生工作的期望。学生在努力应对课程挑战时，常常会发现这种清晰的表述非常令人安心，也很有帮助。这又是一个双赢的局面。

学生或许会抵制

如果有些学生不想分享权力，你也不要惊讶。他们并非想要全部的权力，而是恰恰相反。他们被12年或更长时间的以教师为中心的教育所束缚，以至于他们要么觉得自己没有资格发表意见，要么就是更喜欢别人告诉他们该做什么。正如我们所知，告诉学生该做什么的问题在于，它与现实世界的工作不相符。学生将被要求提供意见；事实上，他们的投入常常有助于他们的进步。分享权力是任何以学习者为中心的教学实践的重要组成部分。我们需要帮助学生开始控制自己的学习过程，即使他们不想这样做。这不会是我们第一次让他们做不想做的事情，当然也不会是最后一次。然而，对于终身学习者的发展而言，这一起步无疑非常重要。

第七章 教师如何通过非言语方式来促进学生讨论

我们因会交谈而会思考,并且用已习得的交谈方式进行思考。

——布鲁菲(Bruffee, 1984)

当学生与学生交谈时,课堂讨论的效果最好。事实上,我们的目标是让尽可能多的学生参与到彼此的交谈中来,而让老师逐步退出转入幕后。

——巴顿,海尔克,鲁特科夫斯基(Barton, Heilker & Rutkowski, 2008)

布鲁克菲尔德(Brookfield)和普雷斯基尔(Preskill)的《讨论教学方法》(*Discussion as a Way of Teaching*, 2005)一书的第十章,引用了麦基齐(McKeachie, 1978)和布鲁菲(Bruffee, 1993)的研究发现,很好地解释了为什么讨论是以学习者为中心的教学法(LCT)非常重要的组成部分:"严肃对待学习社会属性的教育教学往往更能取得成功。学生见证了,当他们有机会讨论、批评以及将内容与自身生活相联系时,内容才会变得更有意义和令人难忘,并且与他们对世界的理解联系更紧密。"他们还报告说,当学习是社会性的,讨论被广泛使用时,他们的教育体验往往更令人满意,更有可能成为其将来选择再次体验的内容(Brookfield & Preskill, 2005; McKeachie, 1978; Bruffee, 1993)。我把这篇文章读给我的一个同事听,然后问他怎么理解仍有那么多教师依赖讲授法,且为什么事后才想到在教学中运用讨论法。他的回答是:"我从来没有遇到过不喜欢听自己讲话的老师。"

我们渴望听到自己的声音，渴望别人听到自己的声音，这是否会导致我们把可靠的研究发现弃之不顾？布朗和阿特金斯报告了一系列由不同研究人员进行的研究，这些研究发现，即使是试图使用讨论法的教师，在大多数讨论过程中，教师还在侃侃而谈（Brown & Atkins, 1988）。在一项研究中，教师有86%的时间在说话（Brown & Atkins, 1988, p. 53）。今天还是这样吗？我找不到任何已改变的证据。

有效的讨论和学习

本章不是关于为何大学教师的教学方法应该从讲授法转向讨论法。数以百计的研究和著作证明了讨论对学习的益处（Grasha, 1996; Lowman, 1995; McKeachie, 1994; Nilson, 1996）。与传统的讲授方法相比，讨论能激发更高层次的反思思维和创造性的问题解决，包括综合、应用和评价。也有证据表明，通过积极讨论所学到的知识通常比通过讲座所学到的知识更容易被记住。学生通常更喜欢参与讨论，而不是在课堂上被动听讲（McKeachie, 1978）。本章旨在帮助学生理解，讨论不仅仅是教师在没有准备好讲课的日子里使用的活动。本章也关注如何促进有效讨论，从而促进学生的学习。

为何学生需要相信讨论能促进学习

大多数学生在以教师为中心的传统课堂里待了12年甚至更久。虽然确实有一些高中使用了大量的主动学习实践，包括精心设计的讨论活动，以及数以千计的学生参与了对其学习非常有益的讨论，但不幸的是，这些都是特例（U.S. Department of Education, 2001）。因此，大多数学生在生活中没有体验到讨论是一种积极的学习力量。许多人都有过这样的经历：讨论只不过是教师与两三个学生的交谈（Karp & Yoels, 1976），或者学生只是交换看法，还通常是无知的看法，他们无法看到讨论如何促成学习。许多学生认为讨论效率不高。以下是一些最为常见的原因。

• 团队成员看到了逃避贡献的机会。他们觉得可以躲在人群中，逃避不做出贡献的后果（Latane & Harkins, 1998）。

• 在大组讨论中，一名组员可能会在人群中感到失落，其贡献无法获得他人认可（Latane, Williams & Harkins, 1979）。

• 在小组讨论中，学生失去了其贡献所带来的个性和认可。这些小组成员失去了竭尽全力的动机，因为难以被承认（Charbonnier et al., 1998）。

• 由于有如此多的个人在做贡献，有些人可能会觉得他们的努力是不需要的，或者是得不到认可的（Kerr, 1989）。

• 学生变成了所谓的社会游手好闲者（social loafers）。社会游手好闲者一词用以描述这样一种现象，即当一个人作为一名群组成员工作时，比独立工作时付出的努力更少。如果个体评价结构环境强化缺失，这种现象就会出现或得到强化（Price & Harrison, 2006）。这是因为在小组环境中工作会导致自我意识减弱（Mullen, 1983）。例如，在衡量团队销售而非个人销售努力时，将会有个别销售团队的成员出现事不关己高高挂起的情况。

• 对评价过程的担忧也会导致学生的不情不愿。如果一个人认为在小组成员之间没有公平分配，他们将撤回个人努力（Piezon & Donaldson, 2005）。

对许多学生而言，讲授而非讨论等同于教学

当我访问一些学校时，听到了试图采用LCT方法的教师的两种常见抱怨。一种是系主任告诉他们必须使用讲授法。"讲授法是我们这个系的教学方式"是教师们收到的信息。另一种更常见的抱怨来自学生，他们向系主任抗议说，他们的钱花得不值得，因为"我们所做的只是在自己的小组里讨论，而老师从来不讲授。"这两种抱怨都源于以教师为中心的教学方法。对于坚持讲授的系主任而言，他们与有效教学法的研究脱节，特别是意识不到讨论作为教学工具的价值。我们可能会要求系主任查看布鲁克菲尔德和普雷斯基尔的研究结果，这些研究表明，讨论可以帮助学生成为更积极、更有目的、更独立的学习者。讨论有助于参与者对所讨论的话题产生更有批判性的理解，它能增强参与者的自我意识和自我批判能力，它培养了参与者对观点多样性的欣赏，当公开或诚实地交换观点时，这种多样性总是会出现，它作为催化剂，帮助人们在所处的世界里采取明智的行动（Brookfield & Preskill, 1999, p. 3）。

对于学生而言，他们需要一套清晰的理论来解释，讨论将如何促进他们的学习，并帮助其发展口语、听力和批判性思维技能，这对他们的职业生涯成功来说至关重要。我们还需要指导他们如何积极参与讨论组，这意味着指导解决我前面列出的关注点，特别是社会性游手好闲。大多数学生从未被指导过如何在讨论组中发挥作用，除非他们参加过基于问题的学习课程或参加过小组动力学的课程。如果学生并不能真正理解讨论如何进行，或者为什么应该参与讨论，他们会觉得讨论是不舒服的或者是没有价值的，这不足为奇。

讨论的基本原理

学生几乎每天都希望我们解释为什么要求他们听、说、读、写、想、做。他们希望自己被要求做的事情有一个合理的理由。这不奇怪，因为我们通常也想从系主任、院长或教务组长那里得到同样的东西。在下面的列表中，我列出了9个使用讨论作为有效教学过程的理由。我想你们可以想到其他的，但这些可以作为你们和学生共同的出发点。

1. 不知道如何在工作场合表达你的想法可能会威胁到你的职业生涯。

2. 学生需要知道，如果他们等着被召唤，那么在工作中别人就听不到他们的想法、建议、问题和关切。要想获得各级领导的注意，需学会主动提出他们的想法、建议和关切。

3. 学生需要明白，大学学习最重要的方面之一就是倾听同伴的不同观点。这是他们发展和完善思维的主要方式。

4. 研究清楚地表明，讨论能促进学习。学生从讨论中学到的东西比从讲座中学到的东西多，记住的东西也多（Chickering & Gamson, 1991; Collier, 1980; Cooper & Associates, 1990）。

5. 要想在职场取得成功，学生需要掌握的最重要的一项技能就是表达和倾听的能力。1994年面向11000多名大学毕业生的一项调查显示，最重要的生活技能（16个选项，包括批判性思维）是人际交往能力（Cooperative Institutional Research Program, 1995）。在任何一个工作日，他们最常做的两件事就是表达和倾听。讨论有助于培养这些重要的技能。

6. 现实世界中的大多数工作都是在团队和小组中完成的。学习如何在小组和大组讨论中与人相处和合作是很好的实践，特别是当一个学生不是天生的外向或喜欢独自工作时。

7. 讨论可以发展批判性思维能力。能够在一个安全的环境中练习分析、综合和评价的思维技能非常重要，这恰恰是课堂讨论所能提供的。我们希望学生在课堂上犯错，而不是在现实社会中。这是一个非常重要的基本原理，需要再三强调。

8. 在有效沟通中挑战或肯定他人很重要。讨论是一个练习分歧、对抗和肯定技能的机会，这些技能对学生的长期成功特别重要。

9. 讨论使学生有机会阐明并组织他们的思想。詹姆斯·祖尔在其《改变大脑的艺术》一书中，讨论了其所谓的大脑自然学习周期（the natural learning cycle）（Zull, 2002, p. 18），这也很好地遵循了大卫·科尔伯（David Kolb）的经验学习模型（Kolb & Fry, 1975）。在这两种模型中，信息处理的最后一步是测试。为了使信息公开，在讨论的情境中，学生必须说话。只有这样，学生才能真正知道自己的想法是否有意义，其他人才能给自己反馈。学生需要理解，他们必须讨论想法，以了解它是否有意义，是否可以改进，或者是不是解决问题的最佳方法。

设计有效的讨论

当学生接触凝视、手势和非言语行为时，他们可以看到彼此并分享同样的合作空间，他们的交流能力也会大大提升。

——德·拜尔（de Byl, 2009）

学生几乎从入学的第一天起就知道老师有答案，老师会告诉他们要学什么和怎么学。他们还了解到，老师喜欢知道答案，许多人喜欢与他们分享答案。我们现在知道，这种以教师为中心的过程实际上削弱了学习，因为它减少了学习者为自己寻找答案的积极作用。这种对教师的认识——他们有答案——经常会阻碍有效的讨论。学生知道，如果他们保持沉默或表现得好像不理解，大多数老师会来拯救他们，并给出答案。因此，学生学会了在讨论中等待，因为他们知道多数老师不能忍受沉默，会通过给出答案来打破沉默。

在以学习者为中心的教学方法中，我们须记住一个重要变化，在与学生讨论的过程中，我们要尽可能保持沉默。如果学生知道我们不会拯救他们，我们能够耐受沉默，我们希望讨论由学生自己来处理，他们就会承担起这个任务。我们不会给他们答案，他们可能需要一段时间才能接受，但他们会得到此信息。

收集学生对讨论设计的意见

学生在 12 年甚至更长的学校生活中已经学会了一件事，那就是什么能使大组讨论或小组讨论发挥作用或者发挥不了作用。他们亲身经历了极其无聊的讨论和令人兴奋、充满学习氛围的讨论。正如我们所知，LCT 方法的目标之一是与学生分享权力。设想讨论（包括指南）的节点，正是分享权力的最佳时机。我们需要让学生参与到讨论中来，了解是什么造就了一次极好的讨论以及是什么破坏了一次讨论，然后利用这些信息有效设计讨论和讨论指南。

讨论的基本规则 —— 学生意见

我运用玛丽埃伦·韦默《以学习者为中心的教学：实践的五个关键变化》(*Learner Centered Teaching: Five Key Changes to Practice*)（Weimer, 2002）一书中的建议开发了这一流程。我已经多次使用这一流程，12 年来我一直向大学教师推荐这个方法。我们所能做的最有意义的事情是向学生解释，他们的意见将被用来设计课程的讨论。

步骤 1。让学生以三人一组进行讨论：

1. 在过去的学习中，你参与过的最好的讨论涉及的特征、行为、环境、指南、主题和问题有哪些？

2. 哪些特征、行为、环境、指南、主题和问题导致了最糟糕的讨论？

步骤 2。请年龄最大的学生做小组的记录员，把所有的反应都记录下来。请年龄最小的学生做小组的发言人。

步骤 3。让每个小组与全班分享解决方案。对此有一种有效的方法，每次请小组分享时，要求每个组只分享一个解决办法，直到所有组都分享了所有解决办法。这使得每个人都有平等的机会来分享有意义的想法，能促成一种共同体意识。

步骤 4。如果可能，将所有解决办法记录在 Word 文档中（或者写在黑板上），将讨论成功的原因和讨论失败的原因分开。确保每个人都能看到所有的看法。

第 5 步。让学生留在各自的小组里，但把班级一分为二。让一半人使用有效讨论的观点列表和表 7.1 中的系列问题来指导他们的思考。这些学生形成了一套他们相信可以进行有效课堂讨论的指南。让其清楚列出每项指南。让另外一半的同学利用导致无效讨论的观点和表 7.1 中的系列问题来制定指南，以阻止有效课堂讨论的发生。例如，如果讨论中一个人主导了讨论，那么指南就要要求每个人发言不能超过三次，除非每个想发言的人都已发过言。

步骤 6。重复步骤 3，组合和细化建议，可以形成一个指南总清单。

步骤 7。告诉学生，你将采纳他们的所有建议，并将其纳入本课程的总清单，并将总清单带到下一节课上进行投票。你还要告诉他们，如果你认为对开发一套有效的指南是有必要的，你会添加一些想法；如果你认为学生的建议不利于有效的讨论，你也可以选择否决。

步骤 8。让学生评议指南，然后进行无记名投票来决定是否采纳。我从来没有对指南投过反对票，但如果出现这种情况，可以让学生再次讨论哪些部分可能需要修改。在附录 A 中，你可找到指南的一些示例集，你可能会发现它们有助于为你自己的课堂建立指南。示例既有大组指南也有小组指南。

表 7.1　学生讨论指南的相关问题

- 谁可以参与讨论？学生必须阅读作业或完成作业吗？如果是，将如何验证？
- 学生如何参与讨论？他们有没有举手，有没有得到教授的认可？当他们有什么需要询问或补充时，他们会直接说出来吗？每个人都需要参加讨论吗？学生可以想说几次就说几次吗？
- 因为挑战和分歧是讨论中健康的部分，所以当学生相互挑战或出现分歧时，哪些行为是可以接受的，有利于保持文明讨论且富有成效？
- 基于当前的文化规范，不适宜在课堂上使用的评议有哪些？
- 应怎样给学生评分？是否应该根据学生参与讨论的程度来给他们评分？在给他们的评分中，对所有的回应（例如，问一个问题，给出一个观点，挑战一个解决办法，扩展一个解决办法，等等）都一视同仁吗？
- 那些不参与的人会有什么后果？
- 是否应该有一条隐私规则，即课堂上讨论的所有内容只限于课堂上探讨？
- 应由谁来负责记录回应？

促进有效的小组讨论

教师对课堂讨论有多种概念,但这些概念往往与课堂讨论的两个目的交织在一起:(1)讨论被视为一种教学方法,其目的是帮助学生参与课堂讨论,并通过鼓励言语交流来帮助他们学习学术内容;(2)讨论能力是重点,对学生的期望成果是学会有效讨论(Larson,2000)。有效促进的关键是计划,无论一个还是两个成果都是讨论的预期目标。

有了一套有效的指南后(多亏了学生的帮助),讨论的成功指向三个重要的设计因素。首先,我们想要什么样的讨论?我们可以选择由2个、3个、4个或更多学生组成的小组,或由所有或大部分学生参加的大组。这一决定取决于我们的学习成果,以及我们对学生积极参与讨论的准备程度。我在使用小组时唯一要注意的是——我只考虑与大一学生合作,这完全来自我自己的经验——您可以让小组人数少一些,而不是多一些。我只使用两人小组,因为在两人小组中不太可能迷失,而且每个人通常都能做出贡献。理由是,我的学生来自一个完全以教师为中心体验的高中,在那里,小组工作可能不是他们学习经验中的正向的部分,我需要把他们置于社会和学术情况中来竭力增加成功的概率。我这样做也是为了让学生结交朋友,或者至少与班上的其他人建立联系,这对在课堂上建立共同体很有帮助。

第二个设计因素是决定讨论些什么。学生将要讨论的话题、问题、难题、事例、观点、阅读、电影等是什么?我们希望从这次讨论中取得什么学习成果?换言之,我们期望学生从讨论中学到什么?计划设计的这部分,关键是要准备好构思良好的问题,这些问题应反映学习成果,并在学生思维过程的能力水平范围内。作为一名有12年经验的大学教师发展人员,我与许多大学教师一起共事,他们的设计有问题,要么超出了学生的思考能力,要么无视学生背景知识的局限性,最后以毫无意义的讨论而告终。例如,我们不能要求学生评价研究发现或成果,除非他们有这样做的专业知识,且我们教他们如何进行评价。不了解学生的能力水平和知识储备定会导致讨论的失败。

构思良好的问题

要求回忆事实是最不可能促进学生参与的一类问题。相反,研究表明开放式问题需要发散思维(如,允许各种可能的答案,并鼓励学生更深层次的思考,而非死记硬背),在促进讨论上比封闭式问题的聚合思维(一个正确的答案)更为有效(Andrews, 1980; Bligh, 2000)。具有讽刺意味和偶然性的是,这些结果表明,与死记硬背相比,学生更有可能偏爱回答需要更深层次思考(批判性思维)的问题(Gardiner, 1994)。布鲁克菲尔德和普雷斯基尔(2005)提出了促进有效讨论的几种问题类型,包括要求更多证据的问题、要求澄清的问题、开放式问题、连接或拓展性问题、假设性问题、因果关系问题、总结和综合问题等。

元认知问题,旨在帮助学生通过自我提问构建自己的意义,也是有效的。有四种类型的探究可供讨论:(1)你如何理解此问题?(2)之前的问题和当前的问题有联系吗?(3)你将采取何种策略来解决当前的问题?(4)反思运用的过程以及运用过程所产生的结果(Mevarech & Kramarski, 2003)。可能性是无限的。然而,关键是这些问题直接反映了学习成果,能够在给定的时间框架里得到回答,并且处于适当的思维水平。借助布鲁姆的目标分类理论(Bloom & Krathwohl, 1956)或布鲁姆目标分类理论的修订版(Anderson & Krathwohl, 2001),是确保我们的问题符合我们对学生工作思维水平预期的好方法。表7.2中显示了布鲁姆目标分类理论的修订版,以及可用于撰写问题的建议动词。表7.3提供了有可能对科学和其他研究领域的讨论有帮助且富有成效的问题和任务示例。通过网络搜索,可以找到许多不同内容领域写得比较好的关于讨论的问题。

讨论方法

第三个设计因素是要使用的讨论方法。根据不同的学习成果和学生参与讨论的准备水平,方法可以有很大的不同。这里罗列了一些例子。如果在网上以"讨论策略"或"讨论方法"为关键词搜索,可以找到更多例子。

表 7.2　布鲁姆目标分类修订版

记忆：学生能回忆或记住信息吗？
（动词：定义、复制、罗列、记忆、回忆、重复、再现、陈述）

理解：学生能解释想法或概念吗？
（动词：分类、描述、讨论、解释、区分、定位、释义、识别、报告、选择、翻译）

应用：学生能以一种新的方式使用信息吗？
（动词：选择、演示、编剧、运用、说明、解释、操作、安排、草图、解决、使用、写作）

分析：学生能区分不同的部分吗？
（动词：评价、比较、对比、批评、区分、辨别、区别、检查、实验、提问、测试）

评价：学生能证明自己的立场或决定是正确的吗？
（动词：鉴定、争论、辩护、评价、判断、选择、支持、估价）

创造：学生可以创造一个新的产品或观点吗？
（动词：组装、构造、创造、设计、开发、制定、写作）

来源：Overbaugh & Schultz, 2008。

表 7.3　研究相关的问题和任务

1. 陈述研究的主要发现。
2. 解释发现的意义和重要性。
3. 关联同类研究的发现。
4. 考虑研究发现的替代解释。
5. 陈述研究发现的应用相关性。
6. 承认研究的局限性。
7. 提出进一步研究的建议（Hess, 2004）。
8. 如有必要，为你的解决方案辩护，解释为什么你的方案是令人满意的，其他人的不是。
9. 讨论和评价相互矛盾的结果解释。
10. 讨论所有的意外发现。
11. 识别潜在的限制和弱点，并评论这些对你解释结果的相对重要性，以及它们如何影响结果的有效性。
12. 无论统计意义怎样，都要简明扼要地总结研究结果的主要影响。
13. 解释该项研究的结果和结论的重要性，以及它们如何影响我们对所研究问题的认识或理解。

来源：Hess, 2004。

1. 有指导的讨论。在这个讨论中，老师提出的问题旨在引导学生走向一个特定的成果。这种方法有很多结构，并且需要深思熟虑的计划才能很好地执行。

2. **辩论**。我们要给学生一些关于如何在课堂上进行辩论的指导。你可以在 http://www.rci.rutgers.edu/~jhudson/takingsides.html 上找到很好的资源,朱迪思·哈德森（Judith Hudson）博士在那里为学生详细介绍了辩论的过程。辩论的题目可以由学生指定或选择。学生自己选择或使用指定材料,研究和/或阅读围绕主题的不同立场。根据辩论的形式,学生进行有意义的交流,从而产生对于该主题的新见解（希望如此）。

3. **角色扮演**。角色扮演可以有多种形式,最关键的是它能让学生走出自我,摆脱一些自身的不安全感。这也能帮助他们通过接受一个新的身份来更深入地理解他人的想法,即使只是一小段时间。可以让学生自己选择角色,也可以给学生分配角色。然后,学生研究角色,这样他们就可以准备好表达其所扮演身份的观点。此方法的不同形式包括在学生走进教室时给他们分配角色（在每个学生进入教室时,给他们发一张角色卡片,或者把他们的角色发布在网上）,并让他们以所分配角色的视角来回答讨论问题。

讨论结束后该做些什么

关于记忆形成的研究清楚地表明,长时记忆的形成需要复习和精加工（Schacter, 2001）。第十章将进一步讨论这个话题。从讨论中产生的学习效果在很大程度上取决于我们要求学生在讨论结束后用新的见解、理解、事实和概念做些什么。讨论法最大的失败之一是缺乏要求学生实践或应用新知识的后续活动。如果讨论进行得很顺利,学生就会热情满满地离开,但通常也就到此为止了。如果要优化学生的讨论学习,必须给他们布置额外的任务,以帮助他们的学习更持久。以下是一些建议。

1. 让学生写反思报告。反思是学术界失传的艺术。我们总是急匆匆地把所有的内容都过一遍,以至于很少有时间去研究人类最重要的学习方式之一。杜威在《我们如何思考：反思性思维与教育过程的关系重述》（*How We Think: A Restatement of the Relation of Reflective Thinking to the Educative Process*）（Dewey, 1933）一书中首次写了关于反思的内容,自此教师就知道反思可以形成与先前知识的新联系,并通过更好地回忆信息来形成更好的理解。一篇反思论文可以有很多用途,因为它允许学生专注于如何把讨论中所学知识应用于课程的其他部分或大学学习的其他领域，或者新的学习将如何影响他们的个人生活。关键是要让它反映讨论的学习成果。

2. 让学生写一篇对讨论中所学内容的总结。这一任务有多重好处。首先，它可以展示学生在讨论中认为重要的内容，然后可以与老师的进行比较，从而揭示学生在学习中可能存在的差距。第二，如果学生知道要进行总结，他们就会知道要做笔记和仔细听讨论，两者对学习都是有利的。第三，总结要用学生自己的话写，由此可以看出他们对讨论内容的理解程度。如果学生不能把新知识转化成自己的语言，那就说明他们理解有困难。这对老师来说很重要。

3. 要求学生制作一张事实或想法表，列出他们从讨论中获得的所有新信息。在这项活动中，学生只需列出在讨论中所学到的新观点、新事实、新概念，或看待新观点的新方法。

4. 为讨论做一个思维导图。导图是一个很好的学习工具，因为它要求学生用可视化的形式来识别主要思想和关于这些思想的重要细节。这使他们可以对什么是重要的和什么细节支持这些想法做出判断，这对教师而言也很重要。此类作业的另一个好处是，视觉图像是人类大脑最容易学习的形式之一（Zull，2002, p. 137）。让学生做视觉展示更有益于学习。

评估讨论：技能发展和内容知识两个方面

对待讨论知识就像对待讲座知识一样

讨论计划失败的另一个方面是缺乏对讨论效果的有意义评估。如果把运用讨论作为学习的工具，我们必须以正式的方式评估学生学到了什么。我所说的这种评估并非对个人讨论活动的评分，也不是给出形成最终评分的参与点数。我会在本章后面讨论这些问题。两者当然都是评估的形式，但它们通常不能反映讨论的学习成果是否已达成。我们必须设计正式的方法来确定我们从讨论中学到了什么。以下是一些建议：

1. 测试学生的讨论内容，如同你测试学生的讲课内容一样。帮助学生了解学习内容可以通过两种方式实现。第一种是让学生建立一个维基网站来进行课堂讨论。在这个网站上，学生可以发布他们认为重要的讨论内容。维基编辑方便，可以轻松地更改不正确的信息。教师也可以访问这个网站，所以能检查学生是否已经明确了测试所需的全部材料。运用维基站点是一种以学习者为中心的活动，它减少了使用课堂时间进行评论。第二种解决方案是给学生提供复习表，以确定学生需要知道的考试内容。与维基相比，复习表更像是一种以教师为中心的工具，但它们仍然有效。

2. 布置论文，要求学生展示从一组课堂讨论中学到的东西。

3. 让学生用讨论中所学的材料作报告。在报告中，他们解决了一个问题，展示他们对一个概念的理解，或者将新知识应用于课程成果。

除非我们以正式方式评估学生从讨论中学到了什么，否则就相当于传递了这样一个信息：讨论的价值不如课程中其他形式学习的价值。这类信息只会强化许多学生已经相信的关于讨论的观点：讨论并非那么重要。

我们应该给讨论技巧的提高打分吗？

如果想衡量学生以积极有效的方式参与大组课堂讨论的能力是否提高，且改善这些行为是该课程的学习成果，那么标题中所提问题的答案是肯定的。设计一个有效的评分系统是另一回事。以下是一些建议。

1. 在期中和期末时给每个学生一张纸条，告诉他们自己的成绩。对每个学生在提高讨论技巧方面所取得的进步给予明确的反馈。这可能需要一个量表（参见表 7.4 中的示例）。

2. 记录每个学生每次的贡献。使用一个简单的代码，例如，M 表示有意义的贡献，S 表示令人满意的贡献，T 表示已讨论但对讨论贡献很少。使用记录来跟踪改进并决定每个学生得到的分数。

给小组讨论技能评分

如果我们想给小组讨论技巧提高与否打分，那么任务就更艰巨了。最常使用的模型是结合量表导引的同伴评价和自我评价，它对小组工作进行评分。这个模型仍有不足之处，因为工作的分数并不能直接反映个人的讨论技能。另一替代方法的工作任务相当繁重，通过观察小组的行动，并与每名成员或全体成员在学期中进行两到三次会面，讨论他们在提高讨论技能方面的进展。与学生分享建设性反馈，告诉他们你所希望看到的他们在讨论技巧上的改进，并给其现有表现打分（再次参考表7.4），这传递了你希望他们努力提高自己技能的明确信息。

最后，我们个人教学任务的实际情况将决定什么评估过程是最合适的。

表7.4 协同工作技能：小组讨论

类别	4	3	2	1
专注于任务	始终专注于任务。非常自主	大部分时间专注于任务。小组成员可以依靠这个人	有时专注于任务。其他小组成员有时必须提醒学生继续完成任务	很少专注任务。让别人来做
贡献	始终提供有用的想法。贡献清晰且有组织	通常提供有用的想法。贡献大多清晰且有组织	有时提供有用的想法。贡献并不总是清晰或有组织	很少提供有用的想法。贡献很少清晰或有组织
与他人一起工作	几乎总是倾听、分享和支持他人的努力	通常倾听、分享和支持他人的努力	时常倾听、分享和支持他人的努力	很少倾听、分享和支持他人的努力
态度	从不公开批评别人的项目或工作	很少公开批评别人的项目或工作	偶尔公开批评别人的项目或工作	时常公开批评别人的项目或工作
基本规则	遵守所有由班级制定的基本规则	遵守大多数由班级制定的基本规则	遵守部分由班级制定的基本规则	不遵守班级制定的基本规则

参与的分数

在过去34年里，我至少参加了200次会议的分组讨论会，其中至少有1/3的讨论会以某种方式讨论了如何进行有效讨论。在这些讨论会中，谈话总是围绕着给学生的参与度打分。关于如何做到这一点的建议千差万别，我经常发现这些建议并不令人满意，因为它们要么需要大量的记录，要么需要对某学生可能贡献的质量进行大量主观判断。如果确实应该给参与度评分，那么如何评分应该是一个让学生考虑的话题，而且应该在学期初制定讨论指南时就要考虑。请注意，参与分数传递了学生在课程中作为一名积极学习者所做事情值得奖励的信号。参与分数还可用于奖励一些有更好演讲技巧、更外向或喜欢听自己说话的学生，有时会牺牲那些可能害羞或对自己所说的话更深思熟虑的学生，这些学生说话的频率往往比较低。我的观点是，基于参与分配分数是一个很难得到正确答案的过程。

促进需要练习

在研究本章的过程中，我发现整本书写的都是有效促进的话题。这显然不是一个容易承担的角色，需要一些实践来有效地做。所有关于这个话题的书籍和文章都有一个主张，那就是有效的促进者会让学生做更多的工作——谈话、挣扎、摔跤和合作——只要有可能。罗杰·斯瓦兹（Roger Schwarz）的《熟练的促进者》(*The Skilled Facilitator*，2002)一书中提出了以下建议：

1. 认识到每一个行动都会传达一个信息，所以计划对成功来说至关重要。
2. 有一项明确的任务或学习成果。
3. 理解群体文化。
4. 确保任务适合学习者的能力水平。
5. 明确成员或学习者的角色。
6. 留出足够时间用于完成任务。(Schwarz, 2002, p. 19)

如果听从这一建议，并接受前行路上的坎坷，我们应该能做得很好。

第八章 教学：触及所有感官 [1]

我们的感官一起工作，所以刺激它们很重要！你的大脑里充满了对整个世界的感知，视觉、听觉、味觉、嗅觉、触觉，像兄弟们聚会一样充满活力。

——梅狄纳（Medina, 2008）

正如我之前写的，我喜欢教大一的学生。我知道不是所有高等教育领域的人都会认同，但我发现大一的学生有趣、开放，而且在追寻与大学的某种联系，这正是我所能提供的。我觉得有人需要我。我猜正因如此，我被安排去教一门课程（研究指导学习研讨课100），我喜欢称之为"我应该加上100分的努力进行学习"。这是一门为那些处于学术适应期，需要多方面帮助的学生开设的课程，包括学习习惯、时间管理、睡眠和营养以及态度矫正等方面。

学习体验

我在这门课上教的一节课，是讲为什么人类大脑需要适当的营养、运动、氧气、睡眠和水合作用来达到最佳状态。作为这节课的一部分，我演示了一瓶20盎司[2]的可口可乐（Coca-Cola）含有多少糖分（15茶匙），一个汉堡王（Burger King Whopper）的汉堡含有多少脂肪（40克），我为需要给大脑提供营养以做出

---

[1] 要查看本章相关视频，请访问tinyurl.com/learnercenteredvideo。
[2] 1盎司=29.57毫升。

更好选择的学生提供了一条建议路径。因为我相信营养可能会在他们的适应期（注意力不集中，能量低，更容易生病）起到一定作用，我想让学生记住关于糖分和脂肪的信息，所以采用一种典型的多感官方法来教他们。我带了一个盛满糖的碗，一些银茶匙、克里斯克（Crisco）起酥油和两个8盎司的玻璃杯。我开始往一个杯子里放糖，一次一茶匙，当学生认为我在杯子里放的糖与20盎司的可口可乐所含糖一样多时，让他们告诉我，我就停下不再往里放。毫无疑问，在我放到15茶匙之前，他们让我停了好几次。我举着杯子，让学生看他们喝了20盎司可口可乐摄入了多少糖分：8盎司的杯子里糖几乎占了三分之一的容量。我不会仅仅停留在视觉展示上。我把杯子在房间里传递，让每个学生仔细看看糖的量，并掂掂它的重量。当杯子回到我手上时，我拿了一个茶匙，加满糖，把它塞进嘴里，然后吞下去。学生看到这个场景都有畏缩举动。然后我拿另一个茶匙，询问谁愿意吃上一茶匙。几乎没有人愿意吃。我指出，我只吃了一勺，然后每个人都不敢吃，但我们会在午餐时一下子喝有15茶匙糖的可乐，而且是在想都没想的情形下。如果这还不够，我就拿出一罐克里斯克起酥油，开始往另一个8盎司的杯子里倒40克起酥油，这是一个汉堡王所含的脂肪量。我再次让他们在认为我倒了40克起酥油时告诉我。到了40克后，我重复同样的过程，在全班传递杯子。当它回到我手上时，我又拿出另一个茶匙，把起酥油倒进去，开始把它往我的嘴里放。我在汤匙进入我的嘴巴之前停下了动作，许多学生脸上都表现出极度的恐惧。他们清清楚楚地得到了相关信息。

这种多感官教学过程的运用，加上它所引起的情绪唤起，使得几乎每个学生在期末评价时都把这节课列为这门课程中最重要和最难忘的一节。在接下来的几个学期里，当我碰到我的学生，问他们是否还喝可口可乐或吃汉堡时，大多数人都说："我现在很少这样做了。"

研究多感官教学的力量

我们的结果显示，多感官交互可以被用来产生更有效的感官信息学习，且多感官训练项目是获得新技能最为有效的方法。

——塞茨，金，夏姆斯（Seitz, Kim & Shams, 2006）

眼睛、鼻子、耳朵、舌头和皮肤都含有感觉接受器，这些接受器是特殊的神经末梢，起着感觉探测器的作用。感觉接受器将检测到的刺激传递到大脑中让人感知感官信息的区域。听觉皮层、视觉皮层和感觉皮层是大脑中专门负责感官知觉的区域（Mackay, 1999）。在科学界，感知传统上被视为一个功能模块，不同的感觉形态在很大程度上作为分离和独立的系统运行。然而，最近各种感知任务和环境中的跨模态交互的累积报道表明，模态之间的交互是人类处理感觉信息的规则而不是例外。最近跨模态交互作用的神经生理学研究，为这些发生在大脑区域里的感知处理早期阶段的交互作用提供了证据，大脑的各区域长期以来被视为模态特异（Seitz, Kim & Shams, 2006）。考虑到跨模态交互作用在人类感知过程中无处不在，并且在感知过程的发展中发挥一定作用，很可能多种感官的交互作用可用于有效渲染感官信息处理，在编码和学习方面也一样（Seitz, Kim & Shams, 2006）。这一重要发现的含义是，我们的感觉是协同工作的，而不是像以前认为的那样是孤立的，当多种感觉用于教学时，就会对信息进行更好的编码，从而提高对信息的回忆能力。多感官环境中的人总是比单感官环境中的人做得更好。他们有更多更好问题解决之道的记忆，持续时间将更长，即使在20年后仍很明显（Medina, 2008）。有趣的是，最近该领域的科学发现肯定了使用多感官教学方法的价值，也证实了我们这些人一个世纪以来所做事情的意义——帮助有学习障碍的学生，尤其是在语言发展、阅读和数学领域有障碍的学生。既然如此，那我们没猜错。

本章讨论如何使用多感官的方法来改善学生的学习方式。它探索如何帮助学生在学习中运用这种技术，以及如何将这些方法整合到教学实践中来改进我们的教学。

帮助学生成为多感官学习者

你可能会认为，告诉学生大量的研究证据证明多感官学习方法可以提高理解和记忆，就足以让他们停止试图记住一切。然而，积习难改。学生已用同样的方法学习多年了，很难相信应该改变。本书第十一章讨论了一项研究，该研究清楚地表明运动是如何显著提高学习能力的。事实上，这可能是学生改进其学习可以做的最为重要之事（Ratey, 2008）。自从2008年这篇文章发表以来，我一直在和学生分享这些信息，但是没有发现他们跑到体育馆锻炼。还需要做很多说服学生的工作。以下几部分将讨论证明多感官学习方法力量的研究发现。我把它们作为让学生放弃只靠记忆学习方法的理由。

听觉和视觉

以下发现出自一项研究，该研究比较了使用单感官方法和通过多感官方法传递信息的记忆。内容呈现与记忆测试之间的间隔为2周。人数占比如下：
- 只通过阅读的，能回忆起的信息占总信息量的10%。
- 只通过听的，能够回忆起的信息占20%。
- 只通过看的，能够回忆起的信息占30%。
- 既通过听，又通过看的，能够回忆起的信息占50%。（Dale, 1969）

视觉和触觉

在2003年的一项研究中，我们比较了单独使用触觉、视觉以及结合使用触觉、视觉的学习者对正确答案的记忆。从中，我们可以再次看到多感官方法的优势。

视觉和触觉　　　正确率85%
仅用触觉　　　　正确率65%
仅用视觉　　　　正确率72%（Newell, Bulthoff & Ernst, 2003）

有些研究表明，与通过单感官途径获取信息的学生相比，那些运用多种感官途径的学生在所分配的问题解决上能多产生50%以上的创造性解决方案（Mayer & Anderson, 1992）。

嗅觉

嗅觉区支配嗅觉。嗅觉区位于眼窝上方的眼窝前额皮层，与边缘系统或控制情绪的大脑区域有关。因此，特定的气味可以引起强烈的情绪反应（Mendonca, 1997）。基于门多卡（Mendonca）的发现，我强烈建议学生使用嗅觉来帮助他们回忆所学过的东西。我通常先问学生喜欢什么味道。我鼓励他们找到一种气味，并在学习时使用它，然后把它带到课堂上帮助其回忆。需要注意的是，我们认为对学习有用的气味和学生的想法可能会有很大不同。我的学生最喜欢的气味之一是鹿尿（我们学校有数百名学生是猎鹿者），所以我强烈建议他们各带一种不同的气味来课堂。

我们大脑中处理嗅觉的部分——梨状皮质——就位于负责记忆和情感部分的旁边，使得我们的记忆与气味联系紧密。气味可以唤起周围的情感体验，它可以促进甚至再造这些情感。越来越多的研究表明，由于气味和情绪之间的联系，气味可以用来提高记忆力。在充满迷迭香或薰衣草气味的房间里学习的学生，当他们再次遇到这种气味时，能够记住更多的信息（Microsoft Training, 2010）。

关键是气味需要与学习任务相匹配。例如，气味可以唤起许多不同的情绪记忆，而有些可能会干扰对信息的回忆。学生想要一种他们喜欢的气味，并能与其所学东西产生积极联系。在2010年发表的一项研究中，研究人员梅·O.伦、莫里恩·莫林和阿拉德纳·克里须那（Lwin, Morrin & Krishna, 2010）发现，经过一段时间的延迟后，气味会增强对口头信息的回忆，而基于气味的检索线索也会增强图片对回忆的促进作用。2007年哈佛大学发表在《科学杂志》（*Journal of Science*）上的一项研究表明，一些志愿者在学习结束睡觉时闻玫瑰香味，即使以后没有再闻玫瑰香味，也能更好地回忆起所学内容。气味加强了向海马体的信息传递，海马体是大脑负责形成长时记忆的部分（Rasch, Buchel, Gais & Born, 2007）。

图片和图像：视觉的力量

1998年的一项研究发现，学生对视觉信息的记忆力是口头信息的三倍，而同时使用口头和视觉信息的记忆力是口头信息的六倍（Najjar, 1998）。人类对图片记忆的能力超乎想象。听到一条信息，三天后你会记住它的10%。加上一张图片，你就会记得它的65%（麦狄纳，2008）。如果我们从进化的角度来考虑视觉，那么人类大脑为了生存而发展得很好是很有道理的。视觉是寻找食物、捕食者和配偶的必要条件（Medina, 2008）。图像是大脑最容易学习的东西（Zull, 2002）。我们需要帮助学生理解这一点，并发展可以定期将信息转化成图像（如图形、图表、地图、图片、图画等）的学习过程，作为一种提高理解和记忆的方式。

运用多感官教学

采用多媒体方法

人们从文字和图片中学到的东西比仅仅从文字中学到的要多（Mayer, 2009）。这概括了多媒体学习的前景。然而，简单地在图片中添加文字并非实现多媒体学习的有效方法。心理学家理查德·梅耶提出了多媒体学习的认知理论（Mayer, 2009）。他提出了从多媒体中学习的三个主要假设：

1. 有两个相互独立的通道——听觉和视觉——用来处理信息。有时被称为双编码理论（Paivio, 1986）。

2. 每个通道的容量都是有限的。这被称为认知负荷理论（Sweller, 1988）。这意味着，当学习者受到太多信息轰炸时，通道可能会过载。例如，教师用过多的 PPT 材料会使学生认知负荷过大。

3. 学习是一个基于先前知识的过滤、选择、组织和整合信息的积极主动过程。

人类一次只能处理有限数量的信息，他们通过积极创建心理表征来理解输入信息的意义。多媒体学习的认知理论认为，大脑不会以相互排斥的方式解释文字、图片和听觉信息的多媒体呈现；相反，大脑会动态地选择和组织这些元素，并产生逻辑思维结构（Mayer & Moreno, 1998）。多媒体学习的认知理论产生了一系列实验，它们都遵循关于如何运用多媒体来帮助学生理解我们所教内容的五大原则：

1. 学生从文字和图片中学到的东西比仅从文字中学到的要多。研究发现，听了自行车打气筒如何工作的讲述并观看相应动画的学生，在随后的问题解决迁移任务中，产生的有用解决方案是只听同样讲述而没有观看动画学生的两倍（Mayer & Anderson, 1991, 1992）。另一项研究发现，在随后的问题解决迁移测试中，阅读一篇在相应文字附近带插图说明文章的学生比只阅读文字的学生多产生了大约 65% 的有用解决方案（Mayer, 1989; Mayer & Gallini, 1990）。

2. 与依次出现相比，文字和图片两者同时出现，学生学得更好。研究表明，当相应的文字和图片同时出现时，学生对讲述的理解比分别出现时更好。

另有研究表明，阅读一份解释轮胎打气筒如何工作的文件的学生，阅读文字附近附有插图说明的文件，比阅读同一份文件并在不同的页面上附有插图说明的学生，在解决迁移问题时能多产生 75% 的有用解决方案（Mayer, 1989; Mayer, Steinhoff, Bower & Mars, 1995）。

3. 文字应该用听觉而非视觉来呈现。在一项研究中，作者发现观看动画描绘的闪电信息并同时听相应讲述的学生，在随后的问题解决迁移测试中，比观看了同样动画和相应的与讲述对应屏幕文字的学生，产生的有用解决方案大约多了 50%（Mayer & Moreno, 2001）。这一结果与多媒体学习的认知理论相一致，因为屏幕上的文本和动画会使视觉信息处理渠道超载，而同时体验了听觉和视觉学习的学生，则上了一节更为平稳的多媒体课。讲述在言语信息处理通道中进行，而动画在视觉信息处理通道中进行（Mayer & Moreno, 2001）。

4. 当无关内容被排除时，学生学得更好。在进行多媒体讲解时，文字和图片要适量，别使用大量的无关文字和图片。

5. 学生从突出相关文字和图片的连贯概括中比从长篇大论的总结中学习得更好。这一原则也与多媒体学习的认知理论相一致，在该理论中，较短的呈现时间使学习者能够选择相关信息并有效地对它们进行组织。

梅耶和加利尼（Mayer & Gallini, 1991）认为，对于那些背景知识较少的学生和空间能力较差的学生而言，遵循这些多媒体使用原则愈显重要。缺乏有效的空间能力可能意味着学生将很难形成所教概念或观念的自我心理表象。

这一理论对我们的教学有什么意义？

对这个问题的简要回答是，我们需要检视之前每一节课的教案，以确定在多大程度上符合前面罗列的标准，并在需要的地方做出改变。通过这种方式，确保我们正在增加学生课堂和在线学习的机会。此外，我们需要开发新课程，将各种形式的图像集成到我们的演示和解释中。格奥尔格·斯坦伯格（Georg Stenberg）2006 年的一项研究发现，人们对图片的认知度几乎是文字认知度的两倍。此外，他的发现表明，具体文本的使用比抽象文本更有效，因为它能给学生带来更多的视觉线索（Stenberg, 2006）。表 8.1 只显示了可供我们在教学中查找图像使用的、几乎无穷无尽的资源列表中的很小一部分。只要在网上简单地搜索一下"图像资源库"这个词，就能找到数百个可供免费使用图像的地方。因为图像是大脑最容易识别的东西（Zull, 2002），我们要在教学中利用好这些资源的优势。

我们还需要引导学生使用这些资源，这些资源可以极大地帮助他们自身的学习。例如，一名学习解剖学的学生可以在以下网站找到配有优质图像的完整和详尽的信息：内视人体——人体解剖学在线指南（Inner Body—Your Guide to Human Anatomy Online）、人体解剖网（Human-Anatomy.net）、国家一般医学科学研究所——生命结构（The National Institute of General Medical Sciences—Structures of Life）。也许最不寻常的资源是由阿尔格西（Argosy）开发的可视化人体（Visible Body）。它是一个综合的人体解剖可视化工具，包括1700多个解剖结构。我们帮助学生利用资源，就是在帮助他们掌握学习的主动权。这样的互动网站也可能通过感官体验激起他们对主题的好奇心。

表 8.1 图像存储库

- 诺丁汉大学电子学习图像存储库（University of Nottingham Image Repository for e-Learning）
- 软粉笔连接（SoftChalk CONNECT）
- 连接（Connexions）
- 网络相册（Flickr）
- 《大英百科全书》（Encyclopedia Britannica）
- 因泰利康（INTELECOM）
- 月亮园（LUNA Commons）
- 梅洛（MERLOT）
- MIT 视觉文化工程（MIT Visualizing Cultures Project）
- 自然科学数字图书馆（Natural Science Digital Library, NSDL）
- 橘子林（The Orange Grove）
- WU 学术园地（WU Academic Commons）

利用游戏促进多感官学习

多年来，我一直向学校和全国的大学教师们传递一个信息，我们需要教的是已坐在我们面前的学生，而不是那些我们心中期望的学生。我的意思是，无论是什么样学生，我们有尽最大努力满足他们个人需求的道德义务。这包括接受他们可能没有像我们希望的那样为上大学做好准备。然而，当我们所有人都像一列失控的火车一样奔向科技的未来时，这也意味着我们必须找出如何教学生的方法——现在学生几乎无时无刻不在使用数字媒体——以满足学生学习的优势和偏好。

国家科学基金会（National Science Foundation）教育和人力资源助理主任唐·汤普森（Don Thompson）指出："也许年轻人教育中最致命的缺陷是，我们把年轻人训练成了19世纪的科学家，而不是让他们扮演21世纪的科学家（Thompson, 2006）。"根据美国科学家联合会（Federation of American Scientists）的数据，50%的美国人和75%的美国家庭户主都玩电脑和视频游戏。8岁到18岁的孩子平均每天花在玩电子游戏上的时间是50分钟。成年男性平均每周花7.6小时玩视频游戏，成年女性平均每周花7.4小时（Thompson, 2006）。当把这些数据与数字原住民的学习偏好放在一起看时，这些数据的重要性就显而易见了，数字原住民更喜欢：

- 从多个多媒体源快速接收信息
- 并行处理和多任务处理
- 在文本之前处理图片、声音和视频
- 随机访问超链接多媒体信息
- 同时与许多人进行交互和建立网络
- "即时"学习
- 即时满足和即时奖励
- 学习相关的、即时有用的和有趣的东西（Jukes & Dosa, 2003）

严肃游戏

使用游戏作为教育工具的兴趣日益增长（Gee, 2003; Prensky, 2001）。人们将游戏的价值视为教学方法丰富、高度激励的学习环境典范。商业游戏拥有许多我们所期望的学习环境的元素：协作、解决问题、高阶思维技能等。一个被叫作严肃游戏的新领域，正在开发并专门用于学习。严肃游戏分为两类：参与性游戏（需要与其他玩家互动）和增强现实（响应玩家位置）模拟游戏（Klopfer, 2008）。这些游戏为手持设备设计，可以将学习者置于真实的环境中，促进学习从一个环境迁移到另一个环境。它们能以很低的成本生产，利用社会动态和现实世界背景来改善游戏玩法，并且可以比大屏幕上的同类产品更无缝地整合到教学的自然流程中。

这种使用手持设备的游戏可以为学习者创造引人入胜和有趣的教育环境。通过设计这些游戏来创设本质上是社会性的、真实的和有意义的活动；与现实世界相连；是开放的，因此包含多个路径；是内在激励的；并且反馈随处可见（Klopfer, 2008）。严肃游戏被用来加强 K12、大学、卫生保健、军事、博物馆、科学和生态方面的教育。

有证据表明，游戏可以支持逻辑思维和问题解决的发展（Gee, 2003；Whitebread, 1997）。另有研究发现，教师和家长都认识到，玩游戏可以支持有价值的技能发展，如战略思维、规划、沟通、数字应用、谈判技能以及群体决策（McFarlane et al., 2002）。玛丽·乔·东林格（Mary Jo Dondlinger）分析了过去10年的同行评议资料，回顾了严肃游戏对学习的好处，她总结道："人们普遍认为，游戏激励玩家花时间完成任务，掌握游戏给予的技能……许多不同的设计元素，如叙述背景、规则、目标、奖励、多感官线索以及互动性，似乎都是刺激期望的学习成果所需的……严肃游戏需要策略、假设测试或问题解决，通常需要更高阶的思考，而不是死记硬背或简单理解（Dondlinger, 2007）。"我们的工作将是解决如何将这些新工具整合到课堂中。后续部分将讨论一些严肃游戏世界中正在发生的事例。

金枪鱼的悲剧

沃顿商学院（The Wharton School, www.wharton.upenn.edu）的学习实验室（The Learning Lab）开发了一款名为金枪鱼的悲剧（Tragedy of The Tuna）的游戏。在这款游戏中，学生代表了一支捕捞金枪鱼的船队，并在影响自己群体以及共享资源的决策上取得平衡。

客户服务

麦当劳餐厅使用严肃游戏来培训门店的客服人员，这要感谢项目的开发者 3D 解决（3Dsolve, www.3dsolve.com）。

欧洲学生的多元化游戏

在这个游戏中，玩家体验到了限制和促进文化多样性的后果。这是一个2D动画（2D Flash）的冒险游戏，玩家必须解决谜题和挑战才能继续往前。在这款游戏中，国家处于战争状态，系统鼓励你去破坏其他国家的文物。玩家将体验到这种破坏的后果，并不得不与系统进行对抗。

了解澳大利亚内陆

严肃游戏互动（Serious Games Interactive）开发了一款游戏，该游戏以一种简单而有趣的方式，教人们认识澳大利亚内陆和生活在该地区的各种动物。玩家在玩有趣的迷你游戏过程中，跟随土著导游到澳大利亚的不同地方，了解有关这个国家的重要事实。

真实性学习是多感官的

在第三章中，我提出让学生参与到第一手的学习体验中，在那里他们既可以逐字触摸和感觉，也可以看、听和/或读到他们正在学习的东西。学生做真实事情或进行有效模拟所回忆的东西要比其参与讨论或就同一话题发言所回忆的多。研究结果表明，参加现实世界活动或模拟学习体验的学生记忆力要高出20%（Dale, 1969）。一个有趣的模型叫作增强学习（augmented learning），目的是创设更真实、更能调动学生感官的课堂和在线环境。增强学习是由荷兰NHTV布雷达应用科学大学（NHTV Breda University of Applied Sciences）的佩尼·德·拜尔（Penny de Byl）博士开发的，它只是简单地使用人工作品来改设常规的教学情境，努力使学生沉浸并参与到学习环境中。它是一种教与学的方法，通过道具和背景信息来适应真实的世界，为学生提供一个吸引人的、真实的学习环境（de Byl, 2009）。亚利桑那大学（University of Arizona）就是一个很好的例子，该校的一堂天文课上，学生利用"第二生命"（Second Life），创建、研究、构建并准备讲稿，展示了地球46亿年历史中的重大事件。虽然教师一直在扩大他们的学习活动，这种模拟创造了一个可触摸的体验，抓住了一个特定的地方或背景的本质所在。它能让学习者根据自己的个人认知、情感和运动经验来建构意义。它假设学习者将通过发生的非象征性、非反思性的第一人称心理活动来构建知识（de Byl, 2009）。一旦沉浸在一个增强的世界中，学习者可以单独或与其他学习者一起进行交流、调查和实验，从而超越时空的界限。这些低风险、无威胁环境的真实体验鼓励学习者参与和冒险。以下是一些事例：

- 增强学习书籍（在虚拟世界中，页面变得生动活泼）
- 实时从蓝本中生成3D模型
- 观察日常物品表面之下东西
- 获取实时、按需、特定位置的信息
- 体验学生可能永远无法访问的世界
- 在虚拟世界里成为某人或某事（de Byl, 2009）

大量的工具可以让我们的学生沉浸于正在学习的内容中。如果我们要优化其学习，我们就必须研究并找到可以用来帮助学生学习的工具。

概念图

对学生而言，地图是一个伟大的多感官学习工具。概念地图是由康奈尔大学（Cornell University）的约瑟夫·诺瓦克（Joseph Novak）于1972年开发的。诺瓦克在其开展的一项研究中发现，需要有一种更好的方式来表达儿童对科学的概念理解。最终形成了一种视觉结构，他称之为概念图，或用于组织和表示知识的图形工具。概念图的价值在于，它要求学生以分层的方式对信息进行分类和关联，然后将信息从叙事形式转化为视觉形式，创造一个多感官的学习过程。我的一个同事让学生在课堂上做好化学笔记，并要求学生将其制作成概念图，作为日常作业。尽管学生对这项额外工作并不满意，但很快发现，他们对这些概念如何组合在一起有了更深入的理解，也提高了对化学的记忆，更好的测验成绩已证明了这一点。

概念图的设计通常包括圆圈或方框，其中包含表示概念的关键词，诸多联结都通过一条线连接两个概念来表示。连接两个概念的线上的词语称为连接词或连接短语，它们用以说明两个概念之间的关系（参见图8.1中的示例）。一个概念通常用一个词来标记，尽管有时会使用多个词或符号，如 + 或 %（Novak &

Cañas, 2006）。

概念图的另一个特点是，概念以分层的方式表示，最包容、最通用的概念位于图的顶部，而更具体、不太通用的概念位于最通用的概念之下（Novak & Cañas, 2006）。概念图还包含交叉连接，即概念图的不同部分或领域的概念之间的关系或连接（Novak & Cañas, 2006）。

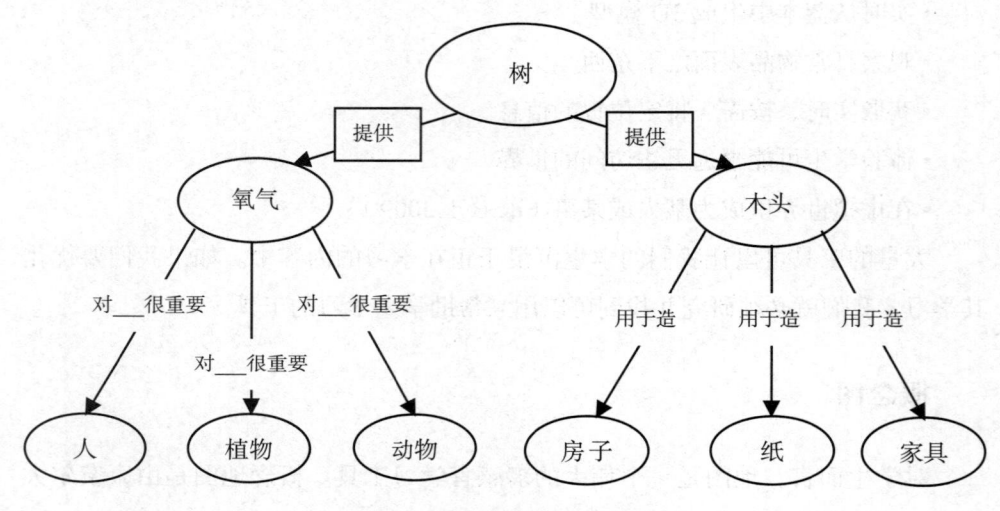

图 8.1　带连接词的概念图示例

来源：Birbili, 2006。

一个好的概念图是在一个由焦点问题定义的背景中生成的。概念图的构建反映了陈述性记忆系统的组织结构，它可以促进概念图制作者的意义构建和有意义学习（Novak, 1990）。它们既可以是学习工具，也可以是有效的评估工具。可以鼓励学生使用地图来发现他们学习和我们所教内容中的模式（Mintzes et al., 2000; Novak, 1990; Novak & Gowin, 1984）。概念图还可以有效地识别学生的有效和无效想法，可用于识别学习者在教学前或教学后拥有的相关知识（Edwards & Fraser, 1983）。概念图还可以通过使知识显性化来促进元认知意识。学生可以看到他们所知道的、所缺失的，以及他们所建立的想法之间联系是否正确（McAleese, 1994）。

如何使用概念图

概念图的美妙之处在于它有许多可能的应用，可以促进教师教学和学生学习。以下是几个运用的例子：

1. 组织信息用于解决一个问题
2. 以视觉的方式展示一个叙事的故事情节
3. 进行人物、地点或条目特征的分类
4. 制定写作前的大纲
5. 把一个完整教材章节的概念安排在一个视觉展示中
6. 为论文设计一个有说服力的论证
7. 呈现事物或思想的异同点
8. 揭示因果过程
9. 创建一张一天的教案图表
10. 评估学生的学习
11. 把课堂笔记制作成地图

例如，当学生绘制一个教材章节的地图时，他们可以在开始阅读之前看看整个章节是如何衔接的，这应该有助于提高理解能力。你可以使用学生创建的概念图来得到他们对概念或想法的理解反馈。

计划是关键

与以学习者为中心的实践的所有方面一样，多感官学习活动需要在计划上花费时间。我们需要考虑如何将多感官实践融入教学，以及如何让学生在课外学习中运用他们的感官。我们很多人对如何在教学中运用所有感官并没有很多实质的思考。然而，走向多感官学习是增加学生学习机会的重要一步。

第九章 模式：有效教学的要素[1]

　　人类的认知过程包括在概念、技能要素、人员和经验之间积极建立联系。对于个体学习者而言，这将是通过建立和再造模式、关系以及联结来获得意义。生物学的最新研究表明，建立联结是智力活动和大脑发育的核心。

——尤厄尔（Ewell, 1997, p. 7）

　　可以说，模式无处不在。查尔斯·达尔文（Charles Darwin）在旅行中观察到各种生命形态，这使他后来撰写了进化论。格雷戈尔·孟德尔（Gregor Mendel）观察了豌豆植株性状的遗传模式，让我们对遗传有了初步的了解。当我还在学习打棒球时，我的教练总是说要观察对方投手投快球的频率，以及他什么时候会投慢一点的球。他想让我们认识到一种模式，这样当轮到我们击球时，可能会有优势，因为我们知道投手什么时候会投出慢速球，而我们可以击球。或许他告诉我这个建议只是因为他知道我无法击中快球。无论如何，教会学生善于观察，寻找所有知识、特别是课程内容中存在的模式，是我们可以帮助学生发展的、最重要的终身学习技能之一。

---

[1] 要查看本章相关视频，请访问 tinyurl.com/learnercenteredvideo。

模式化学习

因为已有大脑如何运用模式的大量文章,我意识到需要集中研究模式的几个关键元素,这将最好地帮助所有教师优化学生的学习。其中第一个要素是帮助学生发现我们自己内容领域中的模式。我们必须在课程活动和演示中展示课程材料的排序和组织,这样学生才能更好地了解课程知识的相互联系。同样重要的是,要展示我们的内容领域最常用的思维模式。例如,一个人如何像历史学家或社会学家那样思考?这些至关重要的教学元素可以帮助学生对课程材料有更深刻的理解,而不是把它看作一组仅为考试而记忆的互不相关的片段。使用模式的第二个要素是帮助学生学习使用模式过程,如相似性与差异性、比较与对比、因与果,以及许多其他相关方法来增强其学习和记忆。许多学生采用的是非常简单的信息组织系统。这些简单的系统对于促进理解和回忆的效果并不理想。

大脑寻找模式

哈佛大学精神病学家约翰·瑞蒂在他的《大脑用户指南》(*A User's Guide to the Brain*)一书中,将人类大脑描述为"一种模式搜索装置"(Ratey, 2001)。书中写道,"大脑的工作方式是将不同概念相互关联进而形成整体,寻找它们之间的相似点、不同点及其相互关系"(Ratey, 2001, p. 5)。我们每天都看到模式的重要性,例如,一个医学研究者通过数据注意到一个模式,然后找到了某种疾病的治疗方法。我们曾听经济学研究人员说,他们认为消费者支出模式会引出新的营销策略或产品开发。模式是成功学习的一把金钥匙。

人类的认知过程包括在概念、技能要素、人员和经验之间积极地建立联系,以便通过建立和再造模式、关系以及联结来获得意义(Ewell, 1997)。我们的大脑模式变动不居。每当我们学习新东西时,我们都会创建额外的模式并改变之前建立的一些模式。模式是大脑工作方式的重要组成部分,当我们感觉无法掌控自己的生活时,大脑经常会创造模式为我们提供自我控制的感觉(Whitson & Galinsky, 2008)。在以学习者为中心的课堂里,我们需要关注那些学科信息的有意义组织和分类的代表性模式(Caine & Caine, 1991)。这些模式是我们在做研究和教学时马上就能认识到的，但不知何故，我们却没有分享给学生。原因可能是我们对这些模式太熟悉了，想当然地认为学生肯定也和我们一样清楚地看到它们了。

受限于线性世界

我们的学生大部分K12经历都是在线性学习活动中度过的，在线性学习中，学生以空间、时间或过程的基本形式来组织学习（Barrett, 1991）。当面对不遵循这些基本结构的信息时，学生学习就会无所适从。例如，在社会科学中，整个课程都围绕着一个主要的轴心概念或主题来教学，比如家庭研究，其中许多问题、因素和人以多种方式影响着这一轴心概念。通常，这些方法并不遵循学生可以轻易识别的任何预定路径，这使得学习更具挑战性，甚至令人沮丧。认识到学科内容的模式，可以解开研究、探索和理解内容的秘密，而不是仅仅触及它的表面。

这个概念可以用国际象棋的学习来说明。似乎只要知道游戏的表面，棋子的名字，每个棋子的移动方式以及规则，我就能下国际象棋了。然而，我对国际象棋是如何下的一无所知，因为我不认识游戏中的模式，而这些模式会告诉我该走哪一步，不该走哪一步。我可以下棋，但是我没有任何方法来提高我的水平。荷兰国际象棋大师、心理学家阿德里安·德·格鲁特（Adrian de Groot）曾写过一篇文章描述了国际象棋大师如何使用模式来下棋。他写道，他们的独特才能，与在当前棋盘落子和前后落子之间建立有意义联系的能力有关。他们之所以能做到这一点，是因为他们研究了数万种游戏的模式，并能回忆起多达50000个及以上的棋盘配置。他写道，只有通过不断学习有意义的模式才能取得进步（Groot, 1946）。

以学习者为中心的教学尤为关注教学模式

以学习者为中心的教学（LCT）是帮助学生明白，一切知识中都存在模式，他们所要做的工作就是不断找寻它们。通过指出我们学科的模式，并向学生展示这些模式帮助他们理解和回忆课程信息，我们正在增加他们的学习机会。在我的教育（EDUC）440课程"内容领域的阅读"（Reading in the Content Areas）中，学生是由理科和文科师范生组成的。我发现，那些理科学生花了大量时间学习综合思维模式，这对成功学习理科至关重要，当要求他们为阅读作业样本设计分析性问题时就明显存在困难。我还发现文科学生在发展综合性问题时也有类似困扰，因为他们接受的大部分训练是分析书面语和口语。每一组都没有接触到其专注领域之外的思维模式，因此都存在着困难。只要我给他们一些帮助，让他们认识到综合性和分析性问题是如何组织和结构化的，他们马上就进步了。他们只是不知道这个模式，或者至少不是经常用。

帮助学生运用自己的模式

我们要帮助学生，让他们认识自己的信息组织模式。这可能听起来很奇怪，但当我要求教师群体描述学生如何组织课程信息以优化学习并清楚回忆信息时，以下是四个最常见的答案：

1. 他们没有——至少做得不是很好。
2. 以纲要的形式。
3. 和我教他们的方法完全一样。
4. 他们使用卡片。

尽管学生已经在生活的许多方面具备了出色的识别模式能力，但他们通常不会把这些模式迁移到课堂上。在以教师为中心的环境中，在12年或更长的时间里学生一直被要求记忆信息，可能这就是原因所在。教育应该是增加学生可使用、识别和交流的模式。随着懂得和运用模式能力的扩展，我们的学生会变得更聪明（Caine, McClintic & Klimek, 2009）。

我们可以帮助学生理解事物，并不等同于只是记住它。例如，帮助学生理解课程内容并提高记忆力的最有效方法之一是重新编码。重新编码是学生将学术课程信息转化成自己话语的过程（Rogers, Deno & Markell, 2001）。学生可以通过举例或隐喻，或者只是用自己的方式来解释并重新编码。关键的点是学生自己的话语是他们最熟悉的模式。如何组织他们的语言和选用的语言类型，对他们来说非常熟悉，似乎也更容易回忆。如果学生不能把新知识转化成自己的语言，那么就清楚表明他们没有理解信息的意义，需要额外的帮助。

在我的阅读提高课程中，我传授的第一个技能是注释，这是重新编码的一种形式。我想让学生学会使用他们自己的话语模式来识别文本中的重要信息，因为这样更容易让他们回忆起信息，以及让我知道他们是否已经理解。这只是让学生运用最熟悉的模式来发挥其最大的学习优势。我首先教注释，是因为它是一种集中注意力的技能，而缺乏注意力往往是学生的阅读弱点之一。如果不注意和理解所读内容，就不可能进行注释。

当学生不认识这些模式时

缺乏模式识别会导致学生无视信息，因为他们不认为这些信息有意义。以上述国际象棋为例。如果一个国际象棋新手看到棋盘，但不能认识到棋子位置的重要性，那么棋子的位置就不能帮助他决定接下来该下哪一步。这就是为什么向学生揭示课程内容的模式是如此重要，如有可能，要在内容的模式和学生熟悉的模式之间建立联系。人类大脑通过尝试识别和理解发生的模式来寻找意义（Caine, McClintic & Klimek, 2009, p. 89）。无法理解模式就等于缺乏有意义的学习。

运用下列示例来帮助学生了解模式

下面的练习可以帮助学生理解寻找模式的价值，以及在其学习中使用模式过程的必要性。把下列一组数字放在一张幻灯片上（或所有学生都能看到的其他媒介上）：13276796753。在下一张幻灯片上，把同样的11个数字排列成一个熟悉的美国电话号码模式：1(327)679-6753。让学生先看第一张有"13276796753"的幻灯片，再看第二张，然后问他们哪一张更容易学习和记忆。学生始终选择第二张幻灯片。学生指出，第二张幻灯片上的信息已分块，因此它显示为4条信息，而不再是11条。因为第二张幻灯片上的11个数字现在是有意义的电话号码模式，学生不仅认识这个模式，而且已经使用了数千次，所以第二张幻灯片上的数字更容易学习和记忆。需要指出的是，每张幻灯片包含相同的11个数字，但是通过模式的力量，第一张幻灯片上似乎无意义的信息变得更有意义了。

这是另一个例子。如前所述，大脑是一个模式寻找装置（Ratey, 2001, p. 5），即使它一开始并不能识别信息中的任何模式，它也会努力寻找一个已经存在的模式。向学生展示图 9.1 中的幻灯片，并让学生在识别出信息中存在的模式时举手。

大多数学生只需要 3 到 10 秒就能找到模式："NRA，NBC，MTV，FBI，CBS。"我用这个示例来解释，我们的大脑会持续寻找模式，来为信息带来意义。如果你一开始不理解课堂上所教授的内容，也没有必要感到沮丧。我们都要相信，即使在睡觉的时候，大脑也会继续工作以找到有意义的模式（Ribeiro，2004）。

NRANBCMTVFBICBS

图 9.1 幻灯片

学生发现不同的模式

表 9.1 展示了我给学生的另一个活动，让他们思考如何寻找有意义的模式来帮助学习和回忆。这个活动很简单。我要求学生将练习中的所有单词组织成最易学习和记忆的模式。我告诉他们模式无所谓对错，他们可以选择任何自己认为最有意义的模式。让学生看看可以有多少种不同模式来组织信息，以及一些学生如何创建比其他学生更有意义且更易回忆的模式，这非常有意思。首先，好多学生开始将单词分类，如水果、蔬菜、肉类和奶制品。另外一些学生开始按字母排序，例如，把所有以 C 开头的单词放在同一类别中。这些模式显然是有意义的，并非糟糕的选择。一些学生创建了诸如高脂肪食材、健康食材、可制作沙拉的食材、用于制作每道菜的食材，或者早餐、午餐和晚餐的食材等类别。这些模式更有意义，因为单词以我们实际使用的方式联系在了一起。它们不是孤立的信息。这个活动向学生展示了如何找到更有意义的模式，使学习和记忆更容易，而且其中有些模式比其他模式更有用。

表9.1 查找模式

鸡蛋	牛排	菠菜	火鸡	草莓	奶油	奶酪
豌豆	芹菜	黄油	生菜	牛奶	火腿	奶油干酪
猪肉	橙子	橘子	脱脂乳	咸肉（片）	橄榄	
李子	苹果	炸面包圈	曲奇饼	香蕉	鱼	
樱桃	巧克力蛋糕	芒果	柠檬	奶油松饼	绿叶蔬菜	
秋葵	蓝莓	胡萝卜	冰激凌	西蓝花	土豆	
鸡肉	鸭肉	菜花	大米	土司	西柚	

用于解释模式的示例

元素周期表

元素周期表是如何被组织成现在这样的？它需要识别元素性质和结构的某些模式。科学家们知道元素之间存在共性和特性，并在努力寻找这些模式。起初，元素周期表是按照原子量来组织的。虽然这是一个相当精确的组织，但是后来发现有些元素不符合这种模式。此后，科学家又用原子序数来组织周期表，原子序数代表的是该元素原子核中包含的质子数。随着其他模式的识别，后来的周期表按周期（水平行）、组（垂直列）以及趋势（金属、非金属和准金属）等进行组织。为什么要上化学课？如果学生想要成功使用周期表并理解化学，必须理解元素周期表的模式——它是如何组织的以及为什么要这样组织。仅仅记住元素在周期表上的位置并不能帮助学生学习化学（Devlin, 2002, p. 12）。

电影模式

我在这里列出了当今电影的十大模式：

变态杀手恐怖片　　　　警察兄弟片
动作片　　　　　　　　浪漫片
情节跌宕片　　　　　　刻板印象轰塌片
史诗战争片　　　　　　青少年喜剧片
荒诞喜剧片　　　　　　弱者逆袭片

让你的学生告诉你这些类型的电影中通常会发生些什么。他们会告诉你电影的发展和结局模式。这是一个简单的练习，让学生思考可预测的模式，可以转化成他们的课程内容。它还能帮助学生寻找那些模式，然后用来帮助他们理解和回忆，模式是强大的学习工具。

揭示我们内容的模式

这个认知过程包括在概念、技能要素、人员和经验之间积极建立联系。对于个体学习者而言，这将是通过建立和再造模式、关系以及联结来获得意义。生物学的最新研究表明，建立联结是智力活动和大脑发育的核心（Ewell, 1997）。当学生努力通过重新设计内容领域模式来创造意义时，我们需要帮助他们让这些模式变得更为可见可及。

历史、人文或生物学课程如何组织？各种内容材料如何衔接？课程内容中哪些是常见和重复的模式？如何教学生识别这些模式？期望学习者在课程学习伊始，对内容模式有哪些先前知识？知道并运用这些内容者有哪些常见的思维模式？这些都是我们备课时要问自己的问题。单单知道和热爱内容是不够的。如果要优化学生的学习，我们需要连接内容领域的模式和学生先前知识的模式。先概述课程内容如何组织成一个主题领域，再确定我们将使用哪些模式向学生展示这些信息。以下三个问题的回答会影响此决定：

1. 在教这门课程时，我们熟悉并能熟练使用的有哪些模式？值得注意的是，如果我们在备课过程中，发现了其他可以明显优化学生学习的模式，那么我们可能不得不替换原有模式。

2. 在已选的模式中我们可以用哪些资源来呈现信息？例如，是否可以随时使用互联网、教室投影系统、计算机信息系统和其他需要的学习媒体？

3. 哪些模式是学生学习中最为熟悉的？哪种模式同时也适合我们的主题和教学决策？

将有意义的模式融入我们的教学过程并不困难。我们大多数人已经在不假思索地做这件事了。我们要做的改变是通过确保学生认识到这些模式，并用它们来扩展批判性思维技能，发展对于课程内容更深刻的理解，以及改善课程内容的记忆，从而使模式显而易见。例如，如果课程内容是线性的，我们可能会使用时间轴、重大事件的顺序或重要人物作为组织的支柱。确保学生理解我们为什么这么做，以及这种模式怎样帮助学习者理解内容，可以优化学生的学习。没有绝对的正确或错误的方法，只有强化与学生的密切联系并助其理解和记忆的方式。

教学模式

认知科学研究有助于开展教学实践，已被证明可以改善学生的学习。这些方法通常需要使用重复的教学模式来促进长时学习。我归纳了以下两种方法，作为模式如何适用于教学决策的示例。

1. 穿插解决方案示例演示和问题解决的练习。在数学或科学问题解决的教学中，教师应交替使用解决方案示例演示和问题解决的练习，在演示工作示例的一种可能解决路径和要求每个学生自己解决的问题之间切换。研究表明，这种交替明显促进了学生学习（Institute of Education Sciences, 2007）。通过在演示例子的间隙解决自己的问题，学生更有动力去关注演示的例子，因为这可以帮助他们更好地准备下一个问题和/或用解决过去问题的方法解决一个新问题。此外，解决问题有助于让学生认识到他们不理解的东西（Institute of Education Sciences, 2007, p. 16）。

2. 连接整合概念的抽象和具体表征。最难教的东西之一是抽象概念。认知研究表明，我们需要将一个概念的抽象表征与同一概念的具体表征联系起来并整合到一起。这种将不同表征形式联系起来的模式有助于学生掌握所教的概念，并提高学生在各种不同情境中恰当使用它的可能性（Bottge, Rueda, Serlin, Hung & Kwon, 2007）。一个抽象的概念，如一个数学函数，可以用许多不同的方式来表达：简洁的数学符号如"$y = 2x$"；一个从 0 开始，每上升 1 个单位，就增加 2 个单位的形象线形图；在一个离散的表中表示 $0 \to 0$，$1 \to 2$，$2 \to 4$ 等；在现实世界中，参加步行马拉松每走一英里赚 2 美元；在体育锻炼中，以每小时 2 英里的速度行走；等等（Pashler, Bain, Bottge, Graesser, Koedinger, McDaniel & Metcalfe, 2007, p. 16）。

同样重要的是，我们要认识到，当学生第一次面对一个新想法时，他们可能会注意到示例的错误特征。例如，如果我们给他们的大多是体育方面的例子，那他们可能会认为平均水平与体育有关。为了避免学生产生误解，我们很有必要明确各种不同的表征，以及表征之间的联系（Pashler et al., 2007, p. 17）。

学生最常用的模式

当我作为一名大学教师发展者开始工作时，我做的第一件事是参加一个为 K12 教育工作者举办的教学会议。我去参加会议是希望能加深自己对有效备课的理解。我想更好地了解这些老师用以帮助学生关联先前知识的备课过程。我知道 K12 的同行比我在大学的同事更关心其学生的背景知识。我发现这些 K12 的老师都在探讨模式。他们没有使用确切的词，但是当他们描述备课过程时，我意识到他们的目标是以学生可以轻而易举识别的方式来组织材料，并教会学生以更容易理解和记忆的方式来组织其新的学习。备课过程完全就是一个寻找正确模式的过程。

如何组织知识影响学生学习并应用其所学知识的方式。学生自然会在知识之间建立联系。当联结形成的知识结构是准确的，并且是以有意义的方式组织时，学生可以更好地提取并有效地应用其知识。相反，当知识以不准确或随机方式联结时，学生就可能无法提取或合理应用它（Carnegie Mellon Learning Principles, 2011）。

相似性与差异性，比较与对比

如果我们只能选择一种模式来教我们的学科，并只给学生一种模式来帮助他们学习，那很可能就是相似性和差异性。这可能是所有教学中最常用的模式。它是一种通用的默认模式。20 万年前，对我们的祖先而言，为了充足的食物和自身安全，有必要区分他们要猎杀的动物和要猎杀他们的动物之间的异同。我们的学生甚至在上幼儿园之前就已经在使用这种模式了。例如，当我们要求学生研究不同有机体的特征时，就是在要求他们寻找相似性和差异性的模式。这一类型的模式帮助他们开始理解事物是如何联系在一起的。这些模式可能有助于对不同的生物进行分类：有五个花瓣的花、有蹄的动物、有尾巴的两栖动物，等等。当我们观察一组有机体，例如所有蜜蜂时，我们会发现，通过研究物种成员之间的相似性和差异性，可以更了解该物种。

在小学给学生介绍相关内容以来，我们一直让学生参与两个条目、思想、作者等比较和对比过程，以此方式来帮助他们理解信息之间的差异。当学生练习生物排序和分类，然后描述一个有机体为什么属于特定群体时，他们用这些常见模式来增强理解和记忆。无论我们是在比较作者的风格、艺术断代，还是内战策略，当我们要求学生找出相似点和不同点或比较一些信息时，学生都知道如何处理这一学习过程。

原因和结果

是什么导致美国内战（U.S. Civil War）、越南战争（Vietnam War），或者最近一次美国的经济大萧条？是什么导致艾滋病（AIDS）流行和黑死病（Black Plague）？是什么导致中东地区的动荡？全球变暖、20世纪60年代的反文化运动等现象带来了什么影响？20世纪五六十年代的民权运动、新奥尔良（New Orleans）和南方三角洲地区（Delta region of the South）的卡特里娜飓风（Hurricane Katrina）以及H1N1流感恐慌带来了什么影响？学生在其K12的经历中已被要求对事件的原因和影响进行探索。我记得小学四年级时玛丽修女问我为什么在操场上打架。我还记得打架的影响，被罚写500遍"我不能在操场上打架"。因果关系论文在任何一门作文课上都是最常见的。这种模式学生很熟悉，但往往不够深入。我们经常发现学生只知道事情发生的表面原因。问起艾滋病的病因，他们可能会说是性接触或输血，但他们可能不知道艾滋病是由一种逆转录酶病毒引起的，这种病毒在人类免疫系统的CD_4+T细胞中繁殖，并杀死大量被它所感染的细胞，最终出现病症（E-Health MD, 2011）。使用因果关系模式可以更深入地探索思想和事件，需要更多的批判性思维，而不仅仅只是将信息分成几类。我们需要帮助学生识别可以用来剖析事件原因的那些时间、资源和知识力量。对于一个科学家而言，如果说他找到了某件事的原因，我们知道他已经探索了所有可能的原因，并排除了除此以外的所有可能的原因。这个过程需要更深入的思考，而不仅仅是对具有相似或不同特征的信息进行分类。

在教学中使用因果关系是一个很好的结构,可以让学生进行更多的批判性思维,而不仅仅停留在表面学习。这也是帮助学生认识到知识复杂性和生活复杂性的好方法。

其他学生常用的模式

除了相似性和差异性、因果关系,学生还在其学习中花费大量时间使用以下组织结构:

1. **层次结构**。学生非常熟悉按重要性进行信息组织,从最好到最差,从最大到最小,从最新到最老等。流程图、大纲和认知地图是学生使用层次结构来帮助学习的常用方法。

2. **字母顺序**。学生从进入幼儿园开始,就接触到字母顺序的模式。这一点,只要问问名字以 A 或 Z 开头的人就知道了。搜索按字母顺序组织,你会发现有这个功能的网站。只要输入你的信息,然后按下按钮即可。这种模式不能增强对信息的理解,也不能显示出信息之间有意义的关系。但它又是如此熟悉,作为学习新术语或词汇的起点,它可能会对学生的初始阶段有所帮助。

3. **学生自己的语言**。在本章前面,我提到了如何教学生注释教材内容,以加深其回忆和检查其理解。注释中起关键作用的是所使用的学生自己的话语。学生最熟悉的模式是他们自己的语言。他们使用语言的具体方式创造出了他们更容易识别和回忆的模式,如排序、个性化、缩写等。

模式与以学习者为中心的教学

正如我在本书中多次提到的,我们的目标是增加学生的学习机会。我知道,当我把重点放在帮助学生发现指定阅读内容中的模式,并教他们如何选取内容并选择有意义的模式助其记忆时,我已经在优化其学习上迈出了积极的一步。与以学习者为中心的教学的其他方面一样,备课内容决定着学生将会学到些什么,设计不同结果也会截然不同。当帮助学生识别课程内容的模式并帮助他们认识到在学习中使用模式的重要性时,我们在教学中就会变得更加以学生为中心。

第十章　复习和精加工[1]

即使在休息的时候，你的大脑仍在为你工作。

——达瓦奇（Davachi, 2010）

鲍勃（Bob）和希德（Sid）是两位年长的绅士，他们决定在一个阳光明媚的星期二于高尔夫球场见面打一场球。鲍勃的视力很差，他问希德愿不愿意看看他的球打到哪里去了，希德笑着说他很乐意。鲍勃挥动球杆，开始打他的第一个球。他转向希德，问道："你看见了吗？"希德回答说："是的，我看见了。"鲍勃问："哦，那么，球去哪儿了？"希德摇摇头说："你叫我看球跑哪儿去了，我做到了。现在，要想起球去了哪儿，那就完全是另外一回事了！"

在这则故事中，希德可能有一些非常合理的理由来解释为何他很难回忆起刚刚发生的事情，这些理由可能包括高龄或患有疾病。除了少数例外，年龄和疾病并非学生不能回忆起我们前一天或仅仅一小时前所教内容的原因。这些记忆失败的原因更多与学生输入信息的方式有关，与他们在课程结束后立即做了什么有关，与他们最初与信息互动后的几天或几周内对信息做了什么有关。

本章探讨了在大学学习环境中有助于或阻碍信息回忆的新近研究。建议使用教学工具来帮助学生在长时记忆中保留信息。最后，本章讨论了学生可以使用的学习实践方式，以加强他们对学术成功所需重要信息的回忆。

---

[1] 要查看本章相关视频，请访问tinyurl.com/learnercenteredvideo。

我们对人类记忆了解多少？

记忆是所有科学中研究最多的领域之一。几十年来，对大脑如何组织记忆以及记忆在哪里获得和储存的研究，一直是大脑研究人员的不懈追求。来自生物学、神经科学、心理学以及相关领域的研究人员都有兴趣了解人类大脑如何形成、保存和丢失记忆。尽管科学家还没有弄清楚这个系统到底如何工作，但是已经有足够的信息可以做出一些有根据的猜测（Mohs, 2010）。

为了正确对记忆进行编码，人们必须首先集中注意力（Duclukovic & Wagner, 2006）。因为他们不能一直关注每件事，每天遇到的大部分事情都被过滤掉了，只有少数刺激进入他们的意识。科学家不知道的是，刺激是在感官输入阶段被屏蔽掉的，还是在大脑处理其重要性之后才被屏蔽掉的。科学家所知道的是，人们，包括学生，是如何注意信息的，这可能是其实际能记住多少信息的最重要因素（Mohs, 2010）。

大脑和记忆的形成

编码是形成记忆的第一步。它是一种生物学现象，根植于感官，开始于感觉。每一种新的但独立的感觉都会传递到我们大脑中被称为海马体的部分，海马体将这些发生的感觉整合到一个单一的体验中。专家认为，海马体和额叶皮层负责分析各种感官输入，并决定它们是否值得记忆。如果是，它们就可能成为我们长时记忆中的一部分（Mohs, 2010; Smith & Squire, 2009）。

新的神经元联结产生了，而且它们一直在变化。脑细胞在一个网络中协同工作，将自己组织成专门处理不同信息的小组。当一个脑细胞向另一个发送信号时，两个脑细胞之间的突触会变得更强。它们之间发送的信号越多，这种联系就越强。因此，每一次新的体验，你的大脑都会稍稍重新连接其物理结构。事实上，你如何使用大脑有助于你决定如何组织大脑。科学家称这种灵活性为大脑的可塑性（Mohs, 2010）。

当学生学习和体验这个世界时，他们的大脑会产生更多的联结。大脑会根据学生的学习体验进行组织和重组，形成由他们的经历、教育和/或培训触发的记忆（Diekelmann & Born, 2010）。这些新的网络通过使用得到加强，当学生学习和实践新的信息时，大脑中就会建立复杂的知识和记忆回路。

睡眠和记忆

一段时间以来，记忆研究人员一直猜测睡眠在巩固长时记忆方面起着重要作用。最近的发现证实了这些猜测。睡眠被视为根据学习具体条件和睡眠时间来优化巩固新获得信息记忆的一种状态。睡眠期间的巩固促进了记忆表征的定量和定性变化（Diekelmann & Born, 2010）。杜克大学（Duke University）的一项研究发现，慢波睡眠时期会让人回忆甚至是放大记忆痕迹。随后的快速眼动睡眠（REM）会触发基因表达，从而储存慢波睡眠时期处理过的信息（Ribeiro et al., 2004）。贝斯以色列女执事医疗中心（Beth Israel Deaconess Medical Center）利用核磁共振成像（NMRI）扫描进行的一项研究显示，大脑区域在睡眠时发生了剧烈的变化："你似乎是在睡着时，把记忆转移到大脑中更有效的存储区域。因此，当你醒来时，记忆任务可以更快、更准确地完成，压力和焦虑也减轻了。"（Walker, 2009）

这些发现对学生意义重大。如果学生没有合理的睡眠时间（7到8小时），他们就没有给大脑足够的时间来吸收一天的新信息，巩固并开始让它成为更永久的记忆。我定期开展学生平均睡眠时间调查（每学期大约100人）。每晚睡眠时间通常在3到10小时之间，绝大多数睡眠时间不到7小时。这项调查没有任何科学问题，但结果总是令人沮丧。很明显，学生没有足够的睡眠就不能优化他们的学习。

同样值得注意的是，过去十年的众多研究表明，学习新任务后小睡片刻的人比不小睡的人更容易记住新任务（Walker, 2009）。美国国家航空航天局（NASA）的一项研究表明，小睡20到30分钟的航天员在小睡后认知功能比没有小睡的航天员提高了37%（Medina, 2008）。

遗忘

世界上最重要的记忆研究者之一，来自加州大学欧文分校（University of California at Irvine）的心理学家伊莉莎白·洛夫特斯（Elizabeth Loftus），已经明确人们遗忘的四个主要原因：提取失败、干扰、储存失败和动机性遗忘。前三种原因对于帮助我们理解，为何学生可能会忘记我们认为有效地教给他们的信息和技能具有重要的意义（Cherry，2010）。

1. 提取失败

遗忘的一个常见原因就是无法提取一段记忆。一种可能的解释是衰减理论（decay theory）。衰减理论认为，随着时间的推移，记忆痕迹开始消退和消失。信息如果不提取、不演练，那么最终将丢失。该理论的问题之一是，研究人员不知道记不起某件事是否意味着它已经不在我们的记忆中了，还是有另外的原因导致它无法被找回（Brown，1958；McKone，1998）。

2. 干扰

另一种被称为干扰理论（interference theory）的理论认为，一些记忆与其他记忆存在相互竞争和干扰。当新的信息与之前存储在记忆里的其他信息非常相似时，似乎更容易发生干扰。例如，一个同时学习物理和化学的学生可能会混淆两个学科的解题过程，因为两者涉及的数学非常相似。干扰有两种基本类型：

- **前摄干扰**（Proactive interference）发生在旧记忆使新记忆变得更困难或不可能时。

- **倒摄干扰**（Retroactive interference）发生在新信息干扰你回忆之前已学信息的能力时（Underwood & Postman，1960）。

3. 存储失败

我们也会忘记一些信息，因为这些信息从来没有真正成为长时记忆。编码失败有时会阻碍信息进入长时记忆。学生可能没有足够仔细地注意到信息，从而无法准确地记录信息，漏掉了重要的细节。显然，如果信息没有被记录，就没有什么东西可以储存了（Ebbinghaus，1885；Rinck，1999）。

4. 动机性遗忘

有时，我们可能会努力忘记一些东西，尤其是那些让人受伤或令人不安的事件或体验。动机性遗忘有两种基本形式：压制（suppression），一种有意识的遗忘形式；抑制（repression），一种无意识的遗忘形式（心理学家对抑制并不清楚，因为它几乎不可能被研究）。在哈佛大学心理学家丹尼尔·沙克特2001年出版的《记忆的七宗罪》一书中，提出了大学生健忘的三个基本原因：

阻塞（Blocking）：信息已存储但不能被访问（Schacter, 2001）。典型的例子是考试焦虑，学生显然已经学习并掌握了信息，但是考试环境的焦虑干扰了对信息的回忆（Cassady & Johnson, 2002）。

错误归属（Misattribution）：记忆被归属于错误的情形或来源（Schacter & Dodson, 2001）。这种情况发生在学生选修几门类似的课程时，通常是在他们的专业学习领域。这些信息如此相似，以至于很难确定它们来自哪个课程、课堂或教材内容。

健忘（Transience）：记忆随时间流逝而消逝（Schacter, 2001）。一个讲座65%的内容会在第一个小时内丢失（Medina, 2008）。健忘既存在于短时记忆，也存在于长时记忆。达瓦奇和斯塔雷西娜在2009年的一项研究中建议，如果在学习新东西后不让自己休息一下，你的学习就会付出代价。如果学生连续不断地听课，可能会妨碍其大脑巩固记忆和体验的能力。通过脑部扫描，研究人员发现，在休息期间做白日梦可以改善参与者的记忆（Staresina & Davachi, 2009）。休息了一段时间的受试者显示在其大脑中更大程度地建立起了联结活动，而且他们能更好地回忆起人脸与目标图像配对。这些发现表明，醒着休息事实上增加了某些类型的大脑活动，并与更好的记忆巩固相关联。"休息可以切实帮助你在工作或学习上取得成功（Davachi & Staresina, 2009）。"

压力和记忆——一项新的发现

鉴于压力在抑制学习和记忆方面所起作用的新发现，创造一个吸引人的、有趣的、有挑战性的安全学习环境比以往任何时候都更重要。我们已经知道持续数周或数月的巨大压力会损害大脑学习和记忆区域的细胞沟通，但是在一项新的研究中，加州大学欧文分校医学院达内特·舍帕德神经科学讲席教授（Danette Shepard Chair in Neurological Sciences in the University of California Irvine School of Medicine）泰利·Z. 巴拉姆（Tallie Z. Baram）博士，首次提供了短期压力也有相同影响的证据。研究发现，与众所周知是在全身循环的"压力荷尔蒙"皮质醇不同，急性压力会激活一种叫作促肾上腺皮质激素释放激素（corticotropin releasing hormones, CRH）的选择性分子，这种分子扰乱了大脑收集和储存记忆的过程。海马体是大脑主要的学习和记忆中心，CRH 的释放导致细胞的树突棘迅速解体，进而限制了突触收集和存储记忆的能力（Baram, Chen, Dube & Rice, 2008）。我们似乎永远不可能教到完全没有压力的学生。但是我们可以努力为学生提供学习环境，减少他们的压力，让他们参与进来，这样他们就会专注于学习并忘记压力，至少在课堂上可以这么做。

增强记忆力——研究发现

几乎每天都有新的发现来揭示对人类大脑的学习和记忆过程的深入了解。作为专业人士，我认为我们有责任尽最大努力保持信息畅通，并适时尝试将基于研究的变革融入教学。因为研究的步伐太快，这已不是一项容易的任务。我在本章中之所以选择这些内容，是因为它们可能会在未来几年对学习和记忆产生重大影响。

关于人的记忆问题的文章太多了，以至于当研究人员提出促进记忆力的切实方法时，令人感到耳目一新。有研究发现，咖啡因和糖（葡萄糖）的结合可以提高注意力、学习能力和记忆力。研究结论表明，咖啡因和葡萄糖的组合对注意力（连续反应时间的任务）和学习发挥有益的作用，也对非言语记忆的巩固有好处；当这些物质被单独摄入时，则没有观察到这些效果（Serra-Grabulosa, Adan, Falcon & Bargallo, 2010）。该项研究主要发现，这两种物质的结合提高了大脑中负责这两种功能区域的效率，从而提高了持续注意力和工作记忆方面的认知能力。两种物质之间似乎存在明显的协同效应，其中一种物质会促进另一种物质发挥作用（Serra-Grabulosa et al., 2010）。

人们对学习过程中发生的神经过程已有很多了解，但到目前为止还不清楚为何它发生在大脑的某些状态而不是另外状态。现在，研究人员已经能够单独研究增强学习和记忆的特定神经递质。大脑在学习过程中释放乙酰胆碱，它对获取新的记忆尤为重要。它的作用是促进 N-甲基 D-天冬氨酸（N-methyl D-aspartate, NMDA）受体的活性，这是一种控制大脑神经细胞间联结强度的蛋白质。这一发现为促进阿尔茨海默病等疾病患者的认知功能提供了新机会，也为增强健康人的记忆力提供了新途径（Isaac, Buchanan, Muller & Mellor, 2009）。

不久的将来——药物增强记忆

纽约大学医学院（New York University School of Medicine）西尔伯斯坦衰老和老年痴呆症研究中心（Silberstein Aging and Dementia Research Center）执行主任斯蒂文·费里斯（Steven Ferris）说，一个新的世界即将来临，在那里，所有年龄段的人都可以用药物来加强大脑，以便学得更快更持久。科学家已经对人类大脑学习和记忆的方式了解了很多，他们正在研制第一代记忆增强剂（Ferris, 2003）。耶鲁大学神经生物学和心理学教授艾米·F. T. 昂斯滕（Amy F.T. Arnsten）警告说，许多神经科学家和制药公司都把大脑假设为同质的。她说，我们必须尊重大脑之间巨大的化学差异，并学会如何明智地筛选这些药物（Arnstern et al., 2010）。

长时记忆教学

我会问每一批一起工作的大学教师，在他们的课程中哪些是学生在学完课程一年之后仍记得并能让他们感到开心的信息。我建议应该用此问题的答案来确定课程的学习成果。如果不关心技能和信息是否为后天习得，为什么还要劳神去教授它们呢？我问这个问题也是为了开始讨论，我们怎么教才能促进学生掌握技能和信息，希望学生在课程结束一年或更久后仍然拥有这些技能和信息。我称之为长时记忆的教学。

发展长时记忆的关键要素是对所教信息和技能的复习和精加工。高等教育往往是教师们谈论"覆盖"内容，而非帮助学生发展对内容长时记忆的场所。一个以学习者为中心的教学（LCT）环境，学习的目标是几个月或几年之后能够被使用、迁移和回忆。以下是关于如何进行长时记忆教学的几点建议。这些建议都无需在教学方法上做出重大改变，也不需要做大量额外工作。真正需要专注的是希望学生学习的东西，而非其他。

1. **教学生间隔练习**。学习内容的间隔对记忆保持有很大影响（通常非单调），当间隔只占最终记忆间隔的很小一部分时（大约是10%到20%），就会产生最佳的记忆效果。长于最佳间隔对最终记忆的危害远比短于最佳间隔小（Pashler, Rohrer, Cepeda & Carpenter, 2007）。这项研究证实众所周知之事：短暂的强化学习（填鸭式学习）不会产生长时记忆。然而，这些发现的新颖之处在于，在促进最佳记忆的学习或复习活动之间存在最佳间隔，这段时间为从最初学习到最后测试的时间间距的10%到20%。如果离测试还有4周（28天），那最好每3到4天复习一次。由于教师在有限时间里密集地教授课程内容，学生不太可能总是使用该研究建议的学习间隔。

2. 累积性测验或考试。在前面我曾提及这是一种很简单的方法，可以迫使学生重复、重新学习，并详细阐述他们的课程内容，我本人想重复这些内容。我们只需要确定一个、两个、三个或更多最重要的元素，希望学生能够深刻理解、回忆，并在整个学期中重新测试这些元素。除了可以强化记忆的重复和再学习之外，累积性测试还可以帮助学生强化课程开始和随后所教信息之间的联系。这些联系是其学习中最为重要的方面，因为它们创造了一个完整的理解模式。

3. 让学生花时间反思。非激发性的积极或消极刺激的记忆，可能会受益于有意识的编码策略，如精加工。这种精加工处理可以是自传体的，也可以是语义学的（Kensinger, 2004）。一种强有力的精加工形式是反思。我认为反思是大学学习中已经失传的艺术。当信息时代降临时，反思就消失了，老师被要求增加越来越多的内容，而我们的教学时间却没有相应变化。正如我的前任系主任曾经说的那样："我们把10磅[①]的香肠塞进一个5磅的袋子里，却不知道为什么东西会从裂缝里掉出来。"反思的力量，在于它能使学生，在正在学习的新信息和之前的知识之间建立更多的联结。每个新联结都为新信息提供一个额外的记忆路径。当我们问学生考虑如何使用刚刚学会的东西来解决其他问题，改善自己的生活或者帮助他人，或者如何以新的和富有想象力的方式运用它时，我们也正在帮助他们形成新的信息联结并深化理解。课堂上的反思性问题或课外的反思性日志有助于促进长期记忆。里奥·巴斯卡格里亚（Leo Buscaglia）是20世纪70年代南加州大学（University of Southern California）最受学生喜爱的教授之一。一位到访的男老师看到她的学生似乎只是坐在那里什么都不做，便向她询问，她回答说："这是属于他们思考的时间。"

[①] 1磅=0.454千克。

4. **请学生用自己的话语解释所学内容**。约翰·瑞蒂在其《大脑用户指南》一书中，将人类大脑描述为一个模式搜索设备，它不断地寻找新信息与先前知识模式相匹配的方式（Ratey, 2001）。学生最熟悉的模式是什么？是他们的个人话语。当要求学生用自己的话语告诉我们某物意味着什么或者它如何工作时，我们是在要求他们把一个新的模式转化成一个熟悉的模式。这一过程主要有两个好处。首先是对学生理解新信息程度的直接认识：如果不能把它转化成他们自己的话语，那就说明他们没有理解。第二，创造一个新的模式，对学生来说更为熟悉、更易记忆，特别是在学生运用自己的事例或比喻来解释新信息时。让学生运用熟悉的模式是改善长时记忆的一个关键。我们可以让学生用自己的语言撰写演讲或教材内容的摘要来规范这一过程。

5. **尽可能多用视觉信息**。前面我们已经讨论过图像的力量。运用图像说明所教的思想和概念，以提高学习者理解和记忆能力。本章最后几页包含了一系列帮助学生更好地记忆课程信息的策略，其中的策略之一是将信息可视化。我们可以通过加入图像进行可视化来强化和/或澄清我们所教的内容。

以学习个性化和情绪化来改善记忆

情感为有机体的生存而存在。

——达马西奥（Damasio, 2001）

我女儿上大学化学课的第一天，教授把酒精倒在她的桌子上，然后点着了。她这样做是为了引起学生的注意，并证明课堂上的一些学习将是令人惊讶的、有趣的和增长见识的。我女儿现在已经 27 岁，她仍然在谈论那天的事，以及她是多么喜欢那堂化学课。这个例子说明老师热情洋溢的演示是记忆形成过程中两个非常重要工具。一个是注意力，另一个是情感；在这种情况下，情感是多么令人惊讶！如果没有引起学生的注意，我们就别指望教给他们任何东西。注意力对学习是绝对必要的。如何吸引并保持学生的注意力，在很大程度上决定了我们作为教师的成功程度。我们无需花太多的时间来计划如何吸引学生的注意力，但这是帮助他们记住所学知识关键的第一步。

各种各样的因素增加或减少了学生对我们的关注。这些因素包括特殊性、情感效价、普遍性、复杂性和功能价值等。此外，学生自身的特点，如感官能力、唤醒水平、知觉定势、过去强化等也会影响他们的注意力（Bandura, 1997）。在记忆的保留（储存）阶段，情绪唤起似乎能够促进记忆的巩固。许多研究表明，随着时间的推移，中性刺激记忆衰减，而唤起刺激记忆保持不变或改善（LaBar & Phelps, 1998）。另有研究发现，情绪信息记忆的增强在较长时间的延迟时比相对较短的延迟时更为明显。这种延迟效应，与情绪唤起记忆更易转化为相对长久痕迹的观点相一致，而非唤起事件的记忆更容易受到干扰（Heuer & Reisberg, 1990）。情感效价本身就能增强记忆；换言之，具有正或负效价的非激发性条目比中性条目更容易被记住（Ochsner, 2000）。情感记忆的力量可以追溯到很久以前。对于我们的祖先而言，寻找食物的兴奋或对徘徊的捕食者的恐惧可能已经开启了这种模式（Pert, 1997）。

帮助学生提高其记忆力

从以教师为中心向以学习者为中心转变最重要的一个方面是帮助学生提高他们的学习和研究能力。教师应要求学生做更多的任务，有责任教他们如何改善自己的学习过程，使其能够成为独立的终身学习者。以下 10 条建议来自认知心理学和神经科学的文献，我们可以与学生分享这些建议，以帮助他们改善记忆过程。

1. **把注意力集中在正在学习的内容上**。注意力为王。如果不注意输入刺激，学习就不会发生。大脑只专注于一项任务时，它的工作效率最高。尝试多项任务会损害学习效果，增加错误，延长完成任务的时间（Foerde, Knowlton & Poldrack, 2006）。

2. **不要为了考试而临时抱佛脚**。对学生来说，死记硬背是一种空洞的胜利。他们可以通过填鸭式学习获得及格甚至是 A，但是研究表明很少有信息能够进入长时记忆（Bjork, 2001）。若想长时记忆，关键是要不断练习。研究表明，张弛有度的学生所记忆内容，比那些在一次马拉松式学习中完成全部学习的学生要好得多，尤其是在几天或几周后试着回忆的时候（Bjork, 2001）。

3. **信息的结构和组织**。研究人员发现，信息在记忆中被整理成相互关联的簇。学生需要将相似的概念和术语组合在一起，或者将笔记和教材阅读整理成一个提纲来组合相关概念。

4. **助记策略会有所帮助**。助记术就是帮助回忆的有用技巧。最为熟悉的是用 HOMES（家）来记五大湖（Great Lakes）：休伦湖（Huron）、安大略湖（Ontario）、密歇根湖（Michigan）、伊利湖（Erie）和苏必略湖（Superior）。每个好孩子都应该得到表扬（Every Good Boy Deserves Favor），用来记 EGBDF 的音乐音阶。这些策略可以用于任何感觉过程。这个想法是让所用策略与一些学生已经很熟悉或很容易学习的东西关联起来。许多学生通过编写歌曲来记忆大量的科学信息（例如，搜索关于元素周期表的歌曲）。

5. **精加工和重排信息**。正如本章前面提到的，精细复述是提高记忆的一个重要策略。有效的精加工包括反思活动、信息导图、创建信息图像、批注指定内容、写作和整理笔记，以及总结或改述。

6. **关联新的信息与先前知识**。学生需要有意识地将新信息的模式与他们已经知道的内容联系起来，特别是运用相似性与差异性、原因与结果、比较与对比等熟悉的模式。通过将新信息与先前知识联系起来，可以增加他们理解和回忆的可能性（Bjork, 2001）。

7. **可视化概念**。图像很容易被我们的大脑理解和回忆（Zull, 2002）。我们需要反复提醒学生这一点。

8. **向他人传授新概念**。在另一本书中，我用了一章的篇幅来论述学生之间互教互学所产生的强大学习效果。他们在教学中所需要的准备程度，以及告诉别人和为他人展示的行为可以加强理解和记忆（Lepper & Woolverton, 2002）。

9. **格外注意课堂中段的信息**。许多研究人员发现，回忆课堂开始和结束时呈现的信息比回忆课堂中段的信息更容易。这通常被称为系列位置效应。在上课开始时对信息记忆能力的提高通常被称为首因效应（primacy effect）；在课程结束时对信息的记忆能力得到改善，这被称为近因效应（recency effect）。正因为这些发现，提醒学生在整个课堂期间保持注意力集中特别重要。我们可以通过在上课中间做一些切实的事情吸引其注意力来帮助他们。

10. **改变学习习惯**。另一个提高学生记忆力的好方法是偶尔改变一下他们的学习习惯。如果他们习惯于在某个特定地点学习，可以尝试移到一个不同的地点进行学习。如果他们晚上学习，则应该每天早上花几分钟复习前一天晚上的学习内容。在学习过程中加入新奇的元素，可以提高学生努力的效力，并改善他们的长时记忆（Bjork, 2001）。

学生一直在做的事情可能需要改变

我们可以与学生分享的最重要的信息之一，是关于人们如何学习和记忆的科学新发现。大多数学生使用相同的记忆和学习过程太久了，以至于要么不想努力去改变，要么看不到任何改变的理由。我们需要帮助他们理解一些细节，比如充足的睡眠、小睡一会、课间留出一些时间、利用所有的感官来学习，以及我在本章中所写的许多其他发现，这些都不仅仅是"可以考虑但立马忽略"的建议。这些都是关于人类大脑如何学习和记忆的研究事实。我们需要帮助学生开始与其大脑相协调的学习。

第十一章　革命要来了？运动、锻炼和学习

　　现代生活中的久坐不动是对我们自然本性的破坏，也是对我们继续生存的最大威胁之一。

——瑞蒂（Ratey, 2008）

　　我15岁时，参加了校篮球队。我哥哥（Doyle）是我们高中历史上最优秀的球员，他已经毕业，所以我想现在队里应该有一个新的多伊尔（Doyle）。我也决定试一试，因为我知道我需要保持更好的体型。虽然在篮球上我远不及我兄长优秀，但确实发现了一些东西，帮助我在一生中成为一名更好的学习者。我发现经常跑步的时候（我们也经常跑步），总是能够更好地专注于学校的活动，特别是家庭作业，这比我没在篮球赛季的时候要好得多。你们不要认为，在15岁的时候我就知道了锻炼对学习的重要性——我肯定没有。我只是意识到在篮球训练后做作业比在一年中的其他时候要容易些。45年后的今天，我才对当时为什么学习会容易些有一个科学的解释：是我的大脑在跑步过程中释放的神经化学物质血清素、多巴胺、去甲肾上腺素和脑源性神经营养因子（BDNF）蛋白帮助我改善了注意力和学习（Ratey, 2008）。

　　本章探讨锻炼和运动如何在学习中发挥重要作用，这一作用是如此重要，以至于无论找到将其融入学习规约的方法困难有多大，都必须发挥好其在各级教育中的作用。

看看锻炼和学习科学怎么说

如果回到 5 亿年前,当第一批神经细胞出现的时候,我们会发现神经系统最初需要协调运动,这样有机体才能主动找到食物,而不是守株待兔。第一批可以运动的动物比起海绵动物有巨大的优势,因为海绵动物只能笨笨地"坐等"晚餐的到来(Franklin Institute, 2004)。尽管进化史上有许多东西仍有争议,但古人类学家一致认为人类是迁徙的(Medina, 2008)。人类学家理查德·朗汉姆(Richard Wrangham)说,几十万年前,男人每天走 10 公里到 20 公里,女人每天只走男人的一半。我们的大脑在运动中不断发育。事实上,可以直接说,我们大脑的发展是为了解决生存问题,而解决生存问题则需在户外不断地运动(Medina, 2008, p. 32)。

时间快进到 1995 年,加州大学欧文分校大脑老化和痴呆症研究所(Institute for Brain Aging and Dementia)所长卡尔·考特曼(Carl Cotman)发现,锻炼激发了学习过程中的主要分子:脑源性神经营养因子(BDNF),这是一种神经细胞在激活状态下产生的蛋白质。BDNF 为脑细胞提供营养,保持脑细胞的功能和生长;它还刺激新神经元的生长(Ratey, 2008)。有了这一发现,考特曼证明了运动和认知之间的直接生物学联系(Ratey, 2008, p. 43)。科特曼 1995 年的首次发现已经发展成科学研究领域的一场革命。在 1995 年鲜有关于 BDNF 的研究。而今天,已经有超过 6000 篇关于 BDNF 的论文发表。约翰·瑞蒂(John Ratey),《火花:关于运动与大脑的革命性新科学》(*Spark: The Revolutionary New Science of Exercise and The Brain*, 2008)一书的作者,将 BDNF 称为"大脑的奇迹生长"。瑞蒂说,"锻炼通过产生 BDNF 来加强细胞的学习机制,BDNF 给突触提供了其获取信息、处理信息、联系信息、记忆信息需要的工具,并将其置于特定的环境中"(p. 45)。加州大学洛杉矶分校的神经科学家费尔南多·戈麦兹-皮尼拉(Fernando Gomez-Pinilla)的研究表明,低 BDNF 水平的大脑会对新信息熟视无睹(Ying, Vaynman & Gomez-Pinilla, 2004)。

运动如何帮助学习？

无论你年龄多大，一个强壮、活跃的身体对于建立一个强壮、活跃的头脑至关重要。

——卡迈克尔（Carmichael, 2007）

锻炼通过直接影响突触结构和增强突触强度，并强化支持可塑性的基础系统，包括神经形成、新陈代谢和血管功能，来增强突触可塑性（Cotman, Carl, Berchtold & Christie, 2007）。这一非常专业的解释意味着，锻炼有助于发挥所有关键的大脑功能，使学习变得更容易。对人类和其他动物的研究表明，有氧运动可以改善认知和表现的许多方面（Hillman, Erickson & Kramer, 2008）。在2011年《新闻周刊》的一篇文章中，哥伦比亚大学的神经学家雅科夫·斯特恩讨论了发生在我们大脑中增强认知能力的三件事。第一件事是神经元或突触数量的增加。第二件事是更高水平的神经形成（新细胞生长），特别是在形成记忆的海马体中。第三件事是BDNF生成的增加，刺激了神经元和突触的产生（Begley, 2011）。当我们锻炼时这三种情况都会发生。锻炼本身不会使人更加聪明，但它会让学习者的大脑处于最佳的学习状态（Ratey, 2008）。

锻炼可以提升学习状态。各种活动中最有益的当属有氧运动，它包括学习一项新技能，例如网球、武术乃至新的舞步。在加强学习方面，任何运动都比没有运动好。众多研究表明，简单步行对改善认知功能有积极作用，尤其是老年人（Weuve et al., 2008）。

脑源性神经营养因子和锻炼

脑源性神经营养因子（BDNF）是一种蛋白质，它聚集在大脑突触附近的储备池中，在血液循环时被释放出来。BDNF产生新的神经元，保护现有神经元，并强化突触可塑性，这通常被视为学习和记忆的基础（Mattson, Wenzhen, Rugian & Gou, 2004; Modie, 2003）。在这个过程中，一些激素，包括来自我们体内类似胰岛素的生长因子、血管内皮生长因子以及成纤维细胞生长因子，都被激活以帮助BDNF启动学习的分子机制（Ratey, 2008, p. 52）。所有这些大脑活动会在三个层面上提高学习能力。

第一层面

运动能增加学习过程中三种非常重要的神经化学物质的产生：血清素、多巴胺和去甲肾上腺素。这些神经化学物质帮助大脑保持警觉、集中注意力、学习动机、积极学习（改善情绪），并且有助于增强耐心和自我控制（Ratey, 2008）。作为教育工作者，我们知道这些能力对于成功的学习至关重要。也许最重要的是，通过锻炼得到改善的正是许多学生在学习中最困难的领域。如果学生做到警觉、专注、动机强、集中注意力，有积极的态度，并能恰当管理自身的课堂行为，那就可以说我们已有理想的学习环境。

第二层面

锻炼使神经细胞为相互关联做好准备，并促使它们相互关联，这是载入新信息的细胞基础（Ratey, 2008, p. 53）。锻炼会刺激新突触的产生，而新突触的能力和效率是高智商的基础（Kramer et al., 2010）。简而言之，锻炼使我们更容易变聪明。支持这一发现的一个证据来自1999年在伊利诺伊州（Illinois）那帕维尔（Naperville）公立学校的研究，该校的初中课程中新增了有氧运动。结果显示，学生的考试成绩显著提高，即使是在国际数学与科学研究趋势（Trends in International Mathematics and Science Study, TIMSS）这样的项目测试中也是如此。在TIMSS中，美国学校的排名常常远低于世界其他国家的学校。那帕维尔八年级学生在科学方面排名世界第一，领先于新加坡，在数学方面排名第六（Ratey, 2008, p. 14）。确实，他们是来自良好学校系统的中产阶级的孩子，但学校的生均经费或大学入学考试（SAT或ACT）平均分数上都低于附近的学校。没有任何迹象表明他们将来会取得这样的成就。在TIMSS测试中，只有7%的美国学生能够取得最好成绩。研究还发现，在学校引入有氧运动后，行为问题和暂停学习情况的发生概率下降了66%，结果有些出人意料。这与血清素、多巴胺和去甲肾上腺素等神经化学物质对学生行为控制能力的积极影响有关。

第三层面

锻炼还能刺激新的神经细胞的发育，这一过程被称为神经形成，源于海马体中的干细胞（Ratey, 2008, p. 53）。1998年之前，没有确凿证据表明我们的大脑会产生新的细胞。新细胞的产生一经证实（Eriksson et al., 1998），科学家就开始致力于揭开这些新脑细胞的真正功能。其中一项发现是，在运动过程中产生的新细胞能够更好地激发长时程增强（longterm potentiation, LTP），这是一种在两个神经元之间因同步刺激产生信号传输的长时间持续增强。LTP被广泛认为是学习和记忆的主要细胞机制之一（Cooke & Bliss, 2006）。普林斯顿大学（Princeton University）的神经学家伊丽莎白·古尔德（Elizabeth Gould）认为，这些新细胞在我们的意识思维中起着重要作用，而前额叶皮层决定它们是否应该作为长时记忆被联结起来（Gould, 2008）。哥伦比亚大学医学中心的神经学家斯格特·斯摩尔（Scott Small）和索尔克研究所（Salk Institute）的神经生物学家弗雷德·盖格（Fred Gage）发现，锻炼产生的新神经元只出现在一个地方：海马体的齿状回，这是一个控制学习和记忆的区域。海马体对BDNF的作用特别敏感，锻炼似乎能使其恢复到更健康、更"年轻"的状态（Small & Gage, 2007）。目前，关于神经形成在学习中确切作用的研究仍在继续。可以肯定的是，锻炼可以促进神经形成。

需要锻炼多长时间？

需要锻炼多久才能体验本章所述的学习益处？这个问题还没有得到充分的回答。然而，有一件事是清楚的，那就是在进行有氧运动时试图学习一些困难或复杂的东西是一个坏主意。我们从事有氧运动时，血液从前额叶皮层流出，会妨碍执行功能。然而，一旦运动完成，血液几乎立即回流到前额叶皮层，这是学习的理想时间。我们要与学生分享这一重要发现。尽管我们尽最大努力帮助学生了解锻炼对学习的好处，仍然发现有些人认为，如果运动对学习有好处，那么在运动中学习一定是一个好主意。

瑞蒂指出，30分钟的锻炼可以使我们的心率达到与我们年龄相适应的水平，每周4到5次锻炼是一个很好的基准线。合适的心率水平因人而异。为了计算我的合适心率，我用220减去我的年龄59，得出我每分钟的最大心率161。我应该在锻炼时达到这个水平的60%~70%。此外，如果我在有氧运动中学习一项新技能，如新的舞蹈或武术，必将对我的大脑带来好处（Begley, 2011）。2007年完成的一项研究表明，即使是一次持续35分钟的有氧运动也能提高成年人的思维处理速度和认知灵活性（Carles et al., 2007）。伊利诺伊大学（University of Illinois）的神经学家阿特·克雷默（Art Kramer）和同事发现，一年的有氧运动可以让一个 70 岁的人拥有 30 岁的人所拥有的神经联结度，这有利于改善记忆力、计划能力、模糊处理能力和多任务处理能力（Kramer et al.，1999）。在一项针对中青年成人的研究中，作者发现体育活动可能有益于人类生命早期和中期的认知，并可能对因年龄原因产生的老年期认知功能丧失有保护作用（Hillman et al., 2008）。神经学家卡特里·布卢门撒尔（Khatri Blumenthal）和同事报告说，运动对大脑额叶和前额叶区域的认知功能特定区域具有良性影响。锻炼可能意味着能够抵消一些我们通常认为与衰老过程有关的智力下降（Blumenthal et al., 2001）。

在学校运用锻炼

关于如何提高学习能力的新想法出现时，总是会有一些踌躇。教育工作者以前从来没有被引导到任何地方。一个主要的例子是右脑/左脑学习协议，它并未得到相关研究发现的支持，但仍在各种各样的学校中大行其道（Taylor, 2009）。在锻炼方面，研究是扎实的，而且已经实施了 5 年。接下来，我将介绍几项研究，它们展示了学校的锻炼怎样提高学习能力。

加拿大萨斯卡通市（Saskatoon）的城市公园高中（City Park High School）把跑步机和健身脚踏车放在一间数学教室里，在做任何数学题之前，孩子们先绑上心率监测器，做 20 分钟中等强度的心血管锻炼。这是一所为有学习困难的学生开设的替代学校，超过一半的学生患有注意缺陷多动障碍（ADHD）。他们不能坐着不动，许多人有行为问题，并且伴有学习困难。在 5 个月里，几乎所有的学生在阅读、写作和数学方面都跳过了一个完整的字母等级（letter grade）。完成锻炼后，学生突然能够安静地坐着，专注于正在学习的内容，并且能够理解教师所教的内容。这项锻炼改变了他们的大脑化学物质，使学习成为可能，并极大改善了他们的行为（Gurd, 2009）。

2007 年，神经科学家查尔斯·希尔曼（Charles Hillman）描述了他如何让伊利诺伊州 259 名三年级和五年级学生进行标准的体育锻炼，如俯卧撑和限时跑，并测量了他们的体重。然后，将学生的体育锻炼结果与在伊利诺伊州标准成绩测试（Illinois Standards Achievement Test）中的数学成绩和阅读成绩进行对比。

结果发现学生通过的体育测试越多，在成绩测试中的得分就越高。这些成效不受性别和社会经济差异的影响，因此，儿童的身体健康与智力水平密切相关，而与性别和家庭收入无关（Hillman & Castelli, 2007a）。

运动量越大，就越能在学业上取得成功。在2007年的一项研究中，研究人员发现，7岁至11岁的儿童每天放学后锻炼40分钟比每天只锻炼20分钟的同龄儿童有更大的学业进步（Castelli, Hillman, Buck & Erwin, 2007）。

在高等教育中加强锻炼和运动

在高等教育中，我们面临的挑战是如何利用这些关于锻炼、运动和学习的发现来优化学生的学习。我们不能仅仅因为学校的硬件设施不利于学生在学习时四处走动就无视这项研究。我们需要用同样有创造性、富有想象力的过程来解决这个问题，我们常说，希望学生在其生活中使用这种方法。我们总是和学生讨论解决问题的方法，现在我们需要行动起来。

在第一章中，我简要讨论了密歇根大峡谷州立大学的一项研究：学生在学习科学课程时坐在健身球上而不是椅子上。虽然本质上是定性的，但结果绝大多数都是正面的，因为学生报告说，他们感觉自己注意力更集中了，学到了更多东西。这个例子，应作为高等教育引入更多运动的出发点。从2011年秋季开始，我将在第一年的阅读课程中使用平衡球做一个小的研究项目。我很想知道这些平衡球是否能帮助学生在阅读时更专注、更持久，这恰恰是他们一直存在的问题。在最近一次对休斯敦圣杰辛塔社区学院（San Jacinta Community College）的访问中，我惊喜地发现，学生计算机实验室的每张电脑桌下都配有微型自行车。协调员说，学生在做作业的时候很享受这种运动，并报告说他们会更投入并能持续更长的时间。当我访问学校时，会问老师一个问题：我们怎样才能让学生在学习中有更多的运动？以下是反馈的一些建议：

1. **移动讨论**。与其让学生坐着聊天，不如让他们边走边聊。可以给学生分配议题，让他们散步15分钟到20分钟，边走边讨论分配给他们的问题。当他们回来后，坐下来，记录其发现，然后与其他小组一起分享。

2. **边走边评**。让学生在白板或纸上完成一组难题或回答一些问题，再将结果张贴在教室周围。然后，让学生在教室里走来走去，评论同伴的发现，边走边添加或修改答案。评论完成后，结合评论过程讨论确定最佳答案。

3. **导览**。利用博物馆或国家公园的步行游览模式，在边走边观察与课程信息相关的物品时完成上课。这种方法在艺术、生态、地理、建筑和许多其他学科中行之有效。

4. **允许学生在需要的时候站起来伸展身体**。我允许学生在感到注意力不集中时这样做，且没有发现它有任何破坏性，如果注意力不集中，阅读是不可能完成的。

5. **讲课中多排几次休息**。大量研究证明注意力持续时间在缩短，特别是在自媒体工具和玩具充斥市场之后（Swing, Gentile, Anderson & Walsh, 2010）。帮助学生集中注意力的一个方法是让他们动一动并多来几次30秒的深呼吸。我们的大脑需要大量的氧气才能正常运转，因此让学生伸展、运动和呼吸对学习有好处。此外，当引入一个新概念时，学生需要有机会依据新概念进行实践思考。让他们站起来、伸展身体，并通过产生概念举例、总结、思考考试问题、或者向别人解释等方式来思考刚刚学过的东西，这是大脑学习过程的自然组成部分（Middendorf & Kalish, 1996）。

向学生介绍锻炼的价值

花在阅读关于锻炼和学习的研究上的时间越多，我就越清楚地意识到必须采取有意义的行动。一个行动是开始我自己的有氧运动计划，包括学习新的技能作为锻炼的一部分。另一个行动是非常努力地向学生介绍，让他们知道把锻炼融入日常生活的重要性。说实话，第二个行动我做得比较好。现在，在我所有的课上都会做一个关于锻炼、运动和学习之间关系的报告，时长为一小时。我会详细介绍它背后的科学原理，展示锻炼如何促进学习。我以来自伊利诺伊那帕维尔的初中生为例，介绍在学校日常活动中引入有氧运动后，他们在TIMSS科学测试中获得了世界第一的情况。我已把这次演讲中用到的幻灯片放在了我的网站上，http://learnercenteredteaching.wordpress.com，供任何想与学生进行类似讨论的人使用。我还制作了一个名为"锻炼与大学学习（Exercise and College Learning）"的视频，可以在YouTube上看到，也可以让学生看看。

第十二章　一起拥抱以学习者为中心的教学

美国大学应该更坦率地正视自己弱点的时刻已来临，需要更大胆地为自己设定更高的教育标准。

——博克（Bok, 2006）

我是岩石，我是岛屿，岩石感觉不到痛苦，岛屿从不哭泣。

——西蒙（Simon, 1966）

过去的几年里，我每走访一所学校，几乎都会听到老师说，采用以学习者为中心的教学实践会使教师遭遇阻力和批评，进而导致教师评价分数偏低。为了应对这些反应，有必要解释一下以学习为中心的教学（LCT）方法的价值。这个简短的章节就是为帮助你做到这一点而设计的。

我看到了三类关注 LCT 实际运用的不同群体。在这三种情况下，教师对 LCT 的使用有顾虑，通常是由于缺乏关于 LCT 的信息，尽管已理解 LCT 但仍会有些批评。这些人通常是那些不想面对改变的人。

第一类是管理人员，他们可能在不理解以学习者为中心的方法的情况下，就评价你的教学并因此给你打低分。这是高等教育的一个怪现象，那些被指定来评价教师的人往往不教书，而且常常远离教与学的研究。有几位教师告诉我，他们的管理人员对他们说："有一天你们上课的时候，我会回来的。"当然，并非所有管理人员都是如此，但在走访了 60 所学校，并一次又一次地听到同样的担忧之后，我认为这是一个真正的问题。

第二类是你的同事，他们可能会批评你，或是让你无法获得终身职位或晋升，这是因为你的方法威胁到了他们。他们可能认为，如果 LCT 是一个好方法，那他们就不得不改变，但是他们不想改变。有些人是真的不理解 LCT 方法如何促进学习。也许他们被教导说，好的教学就是有效的讲课。这也可能来自选择性回忆，在这种回忆中，他们谈论所教过的学生，后来表现很出色，因此相信传统方法是有效的。在过去 30 年里，大学毕业率的持续下降，或许表明事实并非如此（Brainard & Fuller, 2010）。

第三类是你的学生。他们会向你和系主任抱怨他们要完成的工作量，并暗示你没有"教他们"，而这正是"他们付钱让你做的事"。在他们的辩护中，学生来自仍然使用传统的、以教师为中心的教育的高中，所以他们所知道的和希望在大学看到的也应该是以教师为中心的（U.S. Department of Education, 2001）。这三个群体在实施新教学方法方面都提出了不同的考虑，但他们也有一些相同的关注点。虽然我将管理者和同事作为一个群体来处理，将学生作为一个单独的群体来处理，但是你会发现他们的关注点在某些地方是重合的，因此我对如何帮助他们理解 LCT 方法的建议也是如此。例如，这两个群体都有一种因惧怕改变而产生的抵制。专注 LCT 的教育工作者可以有效地克服这种恐惧。

理解变革和高等教育

变革从来不可能一蹴而就，也不可能没有阻力。大约 50 年前，托马斯·库恩（Thomas Kuhn, 1962）在其开创性著作《科学革命的结构》（*The Structure of Scientific Revolution*）一书中，描述了当主流范式发生重大转变时，社会将会作何反应。库恩认为，这种转变通常会遭到强烈的否认和反对。高等教育领域，有些人或许是许多人，对另一种教学方法的变革并不热心，这并不奇怪。我们校园的 DNA 似乎变化很缓慢。请任何拥有最新、最快和最复杂的软件的信息技术人员帮助学生学习，或让大学教师能更有效地进入状态，或是改变学校办公系统的报告程序，他们会告诉你，这就像让你的孩子打扫房间一样：既困难又令人泄气。

高等教育的正式变革往往是长期讨论和谈判的结果，也常常涉及制度化的管理实体，如科系或学院的评议会。对转换到一种新的教学模式持谨慎态度确实有一定的合理性。在过去 60 年里，人们提出了许多"新"的教学模式，这些模式时隐时现，有时仅在一两年内就消失了。例如，在英语教学领域，自 20 世纪 40 年代以来，这些方法都被用了个遍：听说法、咨询法、直接法、语法翻译法、默读法、情境教学法等。当另一种教学新理念出现时，我们都会看到一些令人警觉的信号。

为何新方法没有付诸实施？

为何这么多的教学方法不能产生其所承诺的学习改善？我认为罗伯特·西尔维斯特（Robert Sylwester）给出了很好的解释，他说我们做出教学决定所依据的信息更接近于民间传说，而非科学（Sylwester, 1995, p. 5）。我并非要贬低认知科学家或教育研究人员，他们为我们提供了关于如何指导学生的理想观念。我只是想指出，如果不能洞察人类大脑这个学习器官，就无法知道人类是如何真正学习的。除了作为一名阅读教师，我没有其他任何经验。我和许多人一样，认为整体语言教学法（whole language approach）是最佳的学习方法，但 25 年后，通过脑成像研究，发现自然拼读法对培养良好的阅读能力是绝对必要的。以学习者为中心的实践与所有其他教学方法不同的是，它以科学而非民间传说为依据。相信学生学习可优化的人，都必须为我们的教学法辩护，并进行推广，以便让所有人接受它。

早期采用者

有时候，在新教学方法上要成为第一个吃螃蟹的人并非易事。每一种曾经尝试过的教学方法都帮助过一些人学习，即使它让其他许多人感到没有预期效果，或是感到完全无所适从。那些使用特定方法的人可以指出他们已经在一些学生身上取得的成功。然而，约翰·布兰斯福德（John Bransford, 2000）在《人们是如何学习的》（How People Learn）一书中指出，"如果关于有效教学实践的新思想是可行的，那么许多在学校里遇到困难的人可能已经成功了。此外，如果有了新的教学实践，即使是那些在传统教育环境中表现良好的人也可能发展其技能、知识和态度，从而显著提升他们的成就"（pp. 5—6）。如果你接受了以学习者为中心的教学方法，但觉得自己在学校里孤立无援，现就如何在你的管理者、同事和学生中进行自我辩护并推广 LCT 提出如下建议。

管理人员和同事们

第一步：研究的责任

我们的管理人员和同事有什么共同的特点可以帮助我们维护和推广 LCT？答案是，在研究生院，他们意识到做细致和准确研究的重要性，并利用研究发现来指导他们的实践。为了适用于这项培训，我们的同事和管理人员有责任紧跟研究发展。神经科学、生物学和认知科学的研究支持学生投入积极、真实和有意义的工作，是促进其学习的最好方法，这已势不可挡。这些研究发现现在出现在了很多期刊上，这些期刊将神经科学研究与几乎所有大学学科领域的研究内容整合在一起（参见表 12.1 中的期刊列表）。哈佛大学现在开设大脑、心智和教育的硕士学位课程。最狂热的讲授法支持者需要完全否认 LCT，并永远不要拿起任何一本杂志，才能相信 LCT 只是另一种教学新时尚。詹尼·列维（Jean Lave）和艾蒂安·温格（Etienne Wenger）认为所有未来的科学家、数学家、工程师和历史学家都需要"适应"相应学科文化，并且越早越好，我们要以此提醒那些认为我们走错了路的人（Lave & Wenger, 1991）。教育工作者和学生不是在被告知科学或数学，他们实际上是在做科学和数学——真正遨游其中。

这里提出的论点是本书中最重要的信息：谁在做事，谁就在学习。如果学生要最大化学习能力，换言之，根据界定，要在足够长的时间内激活和联结神经元，并使这些神经元网络成为长时记忆，他们就必须投入学习活动，以提高其理解，并通过足够长时间的内容实践来学会它。学生不能成为消极的学习旁观者。除了我在第一章中概述的科学证据外，你还可以在我的网站 www.learnercenteredteaching.wordpress.com 上找到更多的证据。你可以利用这些证据来支持以学习者为中心的教学方法。

表 12.1　整合神经科学和内容研究的新杂志

・认知神经科学杂志	・神经科学心理学和经济学杂志
・自然神经科学	・数学神经科学杂志
・计算神经科学杂志	・化学神经科学
・医学、社会认知和情感神经科学杂志	・生物精神医学
・行为神经科学	・营养神经科学
・神经科学护理杂志	・社会神经科学杂志
・视觉神经科学	・艺术神经科学
・神经科学和行为健康杂志	

第二步：教学档案袋

假设我的工作是对你作为一名以学习者为中心的教师进行评价，我没法通过观察你来做到这一点，因为在你的课堂里所发生的一切是学生以配对或小组形式在努力学习。他们正在解决真实性问题，并准备供讨论和/或向同学或外部专业人员进行演示的各种发现。如果这是我访问你的课堂时看到的，那么我需要一些其他的东西来评阅，那就是额外准备一份教学档案袋。每个想要在自己的专业领域出类拔萃的老师都应该备有一份教学档案袋，而不管其教学偏好如何。

档案袋应包括以下内容：书面描述你的教学理念，所使用教学方法的研究支持，每门课程的学习成果列表，课程教学大纲，每门课活动的课堂计划（计划要包括学生使用的资源列表、评估方法描述以及评估工具的示例）。档案袋还应包括学生对学习活动有效性的非正式反馈、正式的教师评价（如果有）、同行对你教学方法的支持信件以及你所在科系或学院使用的任何正式评估举措（如果有的话）。

档案袋呈现你的教学内容。它解释了你为何和如何促进学生学习，以及如何证明你是成功的。它是你的计划能力、准备程度以及对所选方法具备研究基础的有力证据。它表明你重视质量评估的需要，以验证学习是否已经发生。为管理人员或同事提供档案袋可以使他们更充分地理解以学习者为中心的教师意味着什么。它也打消了他人对你在课堂上所进行的活动是否达到最高教学质量的疑虑。

要做很多工作吗？是的，至少一开始是这样。然而，这是任何一个有影响力的老师都会做的工作。我知道，除了通过一个精心构建的档案袋，没有更好的方法来维护 LCT，并帮助其他人理解我们如何优化学生的学习。

第三步：讨论

我的朋友马特·克莱因（Matt Klein）长期担任文理学院（College of Arts and Sciences）院长。他实施了一个项目，对第一年的终身教职教师进行评估，其中包括面对面的教学讨论。新教师与马特以及终身教职委员会成员会面，讨论在正式评估开始之前，终身教职委员会希望看到哪些教学能力的证据。此外，新教师有机会与院长以及终身教职委员会成员分享其教学理念和所使用方法的理由，并为委员们在访问课堂时想要看到的情况做好准备。通过这种方式，克莱因院长为基于研究的教学方法在大学里发挥作用打开了一扇门。

我们是一个教学机构，我意识到许多机构仍然不像我们这样重视教学在授予终身教职中的作用；然而，我之所以描述这个过程，是因为这是所有关心如何进行有效教师评价的管理人员或大学教师应该采用的方式。所有关心管理人员或同事如何看待他们的 LCT 方法者，都可能希望在任何正式的评价过程开始之前进行一次面对面的讨论。这不仅是确保做评价的人了解学生在你的课程中将如何学习的好方法，也是让其他人认识 LCT 方法价值的好机会。

第四步：培训

费瑞斯州立大学教务长要求其教学中心为所有管理人员提供培训，以更好地理解以学习者为中心的教学。该中心不仅概述了何谓 LCT 以及运用 LCT 的研究支持，还对如何评价使用 LCT 的教师提出了具体建议。这些建议包括：

1. 一次教学理念和方法学的面对面讨论。
2. 按照我刚才所描述的要求提交一份教学档案袋。
3. 通过课堂观察和面对面的教学方法讨论进行同行评价。
4. 非正式的(教师在第 5 周和第 10 周给学生的，确保学生感觉他们在学习）和正式的（学校要求的）学生评估。

我提供了一个来自费瑞斯州立大学的例子，作为你们学校组织类似培训的一个范例。随着评估成为高等教育活动的重要组成部分，那些负责评估我们教学效果的人至少要理解以学习者为中心的教学和支持它的大量研究，这才是合情合理的。

学生

第一步：解释原因

在我早期的《以学习者为中心的教学》一书中，我提出了这样一个观点：为了帮助学生理解 LCT 方法，教师必须做的最重要的事情是向学生给出安排每一项学习活动和作业的明确理由。我将这些理由分为三个方面：

1. 跟踪教学和学生学习研究的责任。
2. 为学生的职业道路做准备。
3. 为学生作为一个终身学习者的角色做准备。

此外，我建议每天提醒学生他们要为自己的学习更负责的理由（通过增加他们的 LCT 课堂的选择和控制的数量来解释），因为他们将要为其未来生活中的学习负责。

学生，尤其是那些在传统上以教师为中心的高中表现良好的学生，自然会对 LCT 方法感到不适。在他们看来，既然在传统体系中表现良好且获得了奖励，那么为何还要改变它呢？这种思维过程，再加上 LCT 比传统课堂要做更多的工作、承担更多的责任这一事实，就是为何在整个学期中，对于每一项活动和作业都要给学生一个清晰的、有充分依据的理由是如此重要。虽然在第一天上课时正式向学生介绍支持 LCT 的研究很重要，但这还不够，还需要每天提醒。

第二步：分享研究成果

全国各地的大学教师都与我分享了他们的经验，建立一个令人信服的使用 LCT 方法的案例，是展示人类大脑如何学习的实际研究发现的最佳起点。我自己的经验也反映了这一点。我发现学生真的很着迷于看到大脑如何联结和激活神经元，以及如果长时间不进行延伸实践，那记忆丢失的速度将会有多快。在我的网站 www.learnercenteredteaching.com 上，我做了一个题为"用你的大脑协调学习"（Learning in Harmony with Your Brain）的 PPT 演示，你可以与学生一起免费使用。这个幻灯片是我和学生以及我们学校其他几十个学生小组一起使用的，用来帮助他们理解大脑如何学习，以及为何 LCT 是正确的教学方法。请与你的学生一起使用它，并用它来作为你整个学期活动和作业的参考。当学生告诉我他们已经和朋友、家人分享了这一研究时，我总是感到既惊又喜。

第三步：我们正在助你做好职业生涯准备

学生很善于问，这门课、作业或内容对我的工作或职业生涯有何帮助？或者它与我的生活有何关系？事实上，我认为这是他们最喜欢的两个问题。帮助支持 LCT 方法的第二个原理是，这种方法中使用的许多学习活动和任务都是为了帮助学生发展其工作和职业技能。例如，如果我们离开校园几周，去观察已经毕业学生的工作，会发现他们在大部分的工作时间里使用的主要技能是与人交谈和倾听他人。LCT 活动要求学生讨论、进行团队和小组工作、演讲和/或报告、回答课堂问题、向他人解释自己的想法或参与任何其他涉及主动沟通的学习活动，这些不仅与学生的工作准备有关系，对他们在职场中取得成功也至关重要。我们要做的只是不断提醒学生这一点。

公司、企业、医院和其他工作场所需要毕业生具备哪些技能？表 12.2 列出了密歇根州立大学（Michigan State University）就业服务网（Career Services Network）的 12 个成功要素。这份清单高度反映了大多数院校的观点，即学生需要为他们的职业生涯做哪些准备。运用这 12 个领域作为学习活动和任务的基础，可帮助学生认识到 LCT 是为其最大利益着想的好方法。

第四步：学生必须将自己视为终身学习者

终身学习常常被学生视作在遥远的将来才会发生之事，他们知道这可能是必要的，但现在还无需太多关心。LCT 之所以成为如此重要的教学方法，是因为它试图让学生成为终身学习者，但它是通过利用他们当前的实际情况，即用正在学习的课程作为工具来实现这一目的。你 18 岁时，很难想象 25 岁时的生活会是什么样子，更不用说 45 岁或 65 岁时了。以学习者为中心的教学旨在通过教学生如何自学、如何与他人一起学习和向他人学习、如何发现和利用资源、如何确定什么是重要的和什么是不重要的，以及在现实和虚拟环境里如何与他人分享看法，培养他们成为终身学习者。需要提醒学生，我们每天使用的活动和任务，不仅仅是为了工作准备的即时需要，还是为了我们无法预知的将来做准备，我们只是知道他们迫切需要一套学习技能来应对它。还需要提醒学生，大学教育的作用已经变了。授予学生的文学学士或理学学士学位只是他们的"学习者许可证"。这只是他们学习旅程的开始，我们知道这段旅程需要我们在 LCT 课堂上使用的学习技能。美国劳工部（U.S. Department of Labor）2008 年报告说，18 岁的年轻人到 38 岁时可能会有 10 到 14 份不同的工作（U.S. Department of Labor, 2008）。我们要提醒学生，LCT 可以让他们为眼前的工作世界和更为长远的未来做好准备，这是让学生了解 LCT 有效性的好方法。

表 12.2　密歇根州立大学，就业服务网：雇主要求的 12 项大学毕业生成功必备能力

1. 在多样化的环境中工作：向与你不同的人学习，并认识到你们的共同点。
2. 管理时间和优先事项：知道如何花时间，花在什么上，这在现今世界非常必要。
3. 获取知识：学习如何学习和知识本身一样重要。你必须成为一名终身学习者。
4. 批判性思维：培养扎实的批判性思维技能，意味着你将有信心自主处理、做出明智决定并找到机会之间的联系。
5. 有效沟通：听力、解释和演讲技能与阅读和写作同样重要。
6. 解决问题：理解成功解决问题的过程和心智模式对于应对出现在身边的更大挑战至关重要。
7. 对团队做出贡献：在工作场所，每个人的贡献都是成功的关键。具有与他人合作的能力至关重要。协同工作包括识别个体的优势（你的和他人的）并为团队所用、建立共识、知道何时该领导何时该追随，以及欣赏团队的活力。
8. 跨越边界：生活充满了边界——好的和坏的。及时发现并避免成为障碍的边界，以免限制你与他人合作的能力。
9. 诚信：只需要一个坏的例子就可以摧毁多年的诚信和良好的关系。发展一套道德准则和原则来指导你的生活非常重要。
10. 培养专业能力：在你现有的基础上继续学习新技能——在工作中面临的挑战将促使你以无法想象的方式成长和发展。
11. 平衡工作和生活：你要在有限的时间内完成很多事情。你必须把所有的事情做好，同时还要保持头脑清醒。
12. 拥抱变革：生活的方方面面自始至终处于变化之中。有时，你可能会觉得你在快要追上的时候，又不得不重新开始。无论你对改变是何种感觉，你都必须学会应对它。

最后一点

本章可以简单归结为一个词：**为什么**！管理人员、同事和学生需要知道我们**为什么**使用 LCT 方法，以及如何把这些方法转化为学习的改进。如果我们能向这三类人解释这两点，那我们已经为 LCT 的辩护做好了充分准备，并将成为 LCT 实践的积极倡导者。

参考文献

Anderson, L. W., & Krathwohl, D. R. (Eds.). (2001). *A taxonomy for learning, teaching and assessing: A revision of Bloom's taxonomy of educational objectives* (Complete ed.). New York: Longman.

Andrews, J. D. (1980). The verbal structure of teacher questions: Its impact on class discussion. *POD Quarterly, 2,* 130–163.

Arnsten, A. F. T., Paspalas, C. D., Gamo, N. J., Yang, Y., & Wang, M. (2010). Dynamic network connectivity: A new form of neuroplasticity. *Trends in Cognitive Sciences, 4,* 365–375.

Aronson, J. (2007). In "The secret to raising smart kids" by Carol Dweck. *Scientific American.* 29 Jul. Retrieved November 5, 2010, from http://homeworkhelpblog.com/the-secret-to-raising-smartkids/

Arum, R., & Roksa, J. (2011). *Academically adrift: Limited learning on college campuses.* Chicago: University of Chicago Press.

Atkins, D. (2007). Response to the article "Fixed mindset vs. growth mindset: Which one are you?" by Michael Graham Richard. Retrieved May 5, 2010, from http://michaelgr.com/2007/04/15/fixed-mindset-vs-growth-mindset-which-one-are-you/

Banaszynski, J. (2000). Teaching the American revolution: Scaffolding to success. *Education World: The Educator's Best Friend.* Retrieved November 1, 2010, from http://www.educationworld.com/a_curr/curr218.shtml

Bandura, A. (1997). *Self-efficacy: The exercise of control.* New York: W.H. Freeman.

Baram, T. Z., Chen, Y., Dube, C. M., & Rice, C. J. (2008). Rapid loss of dendritic spines after stress involves derangement of spine dynamics by corticotropinreleasing hormone. *Journal of Neuroscience, 28,* 2903-2911.

Barrett, N. F. (1991). Cognitive styles and strategies. Unpublished. Retrieved January 22, 2011, from http://barrett-evaluations.com/_pdfs/cogstrategies.pdf

Barton, J., Heilker, P., & Rutkowsk, D. (2008). Fostering effective classroom discussions. Retrieved February 12, 2011, from http://www.utoledo.edu/centers/ctl/teaching_resources/Fostering_Effective_Classroom_Discussions.html

Begley, S., (2011). *Can You Build a Better Brain.* Retrieved June 10, 2011, from http://www.newsweek.com/2011/01/03/can-you-build-a-better-brain.html

Berman, M. G., Jonides, J., & Kaplan, S. (2008). The cognitive benefits of interacting with nature. *Psychological Science, 19,* 1207-1212.

Berman, M. G., & Kaplan, S. (2010). Directed attention as a common resource for executive functioning and self-regulation. *Perspectives on Psychological Science, 5*(1), 43-57.

Bibb, J. A., Mayford, M. R., Tsien, J. Z., & Alberini, C. M. (2010). Cognition enhancement strategies. *The Journal of Neuroscience, 10 November, 30*(45), 14987-14992.

Birbii, M., (2006). Mapping Knowledge: Concept Maps in Early Childhood Education. *Early Childhood Research & Practice, 8*(2). Retrieved on February 14, 2011, from http://ecrp.uiuc.edu/v8n2/birbili.html

Bjork, D. R. (1994). Memory and metamemory: Considerations in the training of human beings. In J. Metcalfe & A. Shimamura (Eds.), *Metacognition: Knowing about knowing,* 185-205. Cambridge, MA: MIT Press.

Bjork, D. (2001). How to succeed in college: Learn how to learn. *APS Observer, 14*(3), 9.

Bligh, D. A. (2000). *What's the use of lectures?* San Francisco, CA: Jossey-Bass.

Bloom, B. S., & Krathwohl, D. R. (1956). *Taxonomy of educational objectives: The classification of educational goals, by a committee of college and university* examiners. *Handbook 1: Cognitive domain*. New York: Longmans.

Blumenthal, K., Babyak, J. R., Craighead, A., Herman, W. E., Baldewicz, S., Madden, T., Doraiswamy, D. J., Waugh, T. M., & Krishnan, K. R. (2001). Effects of exercise training on cognitive functioning among depressed older men and women. *Journal of Aging and Physical Activity, 9,* 43–57.

Bohn, R., & Short, J. E. (2009). How much information? 2009 report on American consumers. Retrieved October 15, 2010, from http://hmi.ucsd.edu/pdf/HMI_2009_ConsumerReport_Dec9_2009.pdf

Bok, D. (2006). *Our underachieving colleges: A candid look at how much students learn and why they should be learning more.* Princeton, NJ: Princeton University Press.

Bottge, B. A., Rueda, E., Serlin, R., Hung, Y. H., & Kwon, J. (2007). Shrinking achievement differences with anchored math problems: Challenges and possibilities. *Journal of Special Education, 41,* 31–49.

Brainard, J., & Fuller, A. (2010). Graduation rates fall at one-third of 4-year colleges. *Chronicle of Higher Education.* Retrieved December 12, 2010, from http://chronicle.com/article/Graduation-Rates-Fall-at/125614/

Brain seeks patterns where none exist. (Pod cast). (2008). *Scientific American.* Retrieved November 13, 2010, from http://www.scientificamerican.com/podcast/episode.cfm?id=brain-seeks-patterns-where-none-exi-08-10-03

Bransford, J., National Research Council, Committee on Developments in the Science of Learning, National Research Council, & Committee on Learning Research and Educational Practice. (2000). *How people learn: Brain, mind, experience, and school* (Expanded ed.). Washington, DC: National Academy Press.

Brookfield, S., & Preskill, S. (1999). *Discussion as a way of teaching: Tools and techniques for democratic classrooms.* San Francisco, CA: Jossey-Bass.

Brookfield, S. D., & Preskill, S. (2005). *Discussion as a way of teaching: Tools and techniques for democratic classrooms* (2nd ed.). San Francisco, CA: Jossey-Bass.

Brown, G., & Atkins, M. (1988). *Effective teaching in higher education.* London: Methuen.

Brown, J. (1958). Some tests of the decay theory of immediate memory. *Quarterly Journal of Experimental Psychology, 10,* 12–21.

Brown, J. S. (1999). *Learning, working & playing in the digital age:* A speech given at the 1999 Conference on Higher Education of the American Association for Higher Education. Retrieved October 18, 2010, from http://www.ntlf.com/html/sf/jsbrown.pdf

Brown, J. S., Collins, A., & Duguid, P. (1989). Situated cognition and the culture of learning. *Educational Researcher, 18*(1), 32–42.

Bruffee, K. (1984). Collaborative learning and the conversation of mankind. *College English, 46*(7), 635–652.

Bruffee, K. (1993). *Collaborative learning: Higher education, interdependence and the authority of knowledge.* Baltimore, MD: Johns Hopkins University Press.

Caine, G., & Caine, R. (2006). Meaningful learning and the executive functions of the human brain. In S. Johnson & K. Taylor (Eds.), *The neuroscience of adult learning* (pp. 53–62). San Francisco, CA: Jossey–Bass.

Caine, G., McClintic, C., & Klimek, K. (2009). *12 Brain/mind learning principles in action.* Thousand Oaks, CA: Corwin Press.

Caine, R., & Caine, G. (1991). *Making connections: Teaching and the human brain.* Alexandria, VA: Association for Supervision and Curriculum Development.

Carles, S., Jr., Curnier, D., Pathak, A., Roncalli, J., Bousquet, M., Garcia, J., & Senard, J. (2007). Cardiac rehabilitation: Brief report effects of short–term exercise and exercise training on cognitive function among patients with cardiac disease. *Journal of Cardiopulmonary Rehabilitation & Prevention, 27*(6), 395–399. doi:10.1097/01.HCR.0000300268.00140.e6

Carmichael, M. (2007). Stronger, faster, smarter. *Newsweek,* March 26, 38–46.

Carnegie Mellon Learning Principles. (2011). Retrieved January 24, 2011, from http://www.cmu.edu/teaching/principles/learning.html

Cashman, T. G. (2007). Issues-centered projects for classrooms in the United States and Mexico borderlands. *Journal of Authentic Learning, 4*(1), 9-24.

Cassady, J. C., & Johnson, R. (2002). Cognitive test anxiety and academic performance. *Contemporary Educational Psychology, 27*(2), 270-295.

Castelli, D., Hillman, C., Buck, S., & Erwin, H. (2007). Physical fitness and academic achievement in 3rd and 5th grade students. *Journal of Spots and Exercise Psychology, 29,* 239-252.

Chamberlin, S. A., & Moon, S. (2005). Model-eliciting activities: An introduction to gifted education. *Journal of Secondary Gifted Education, 17,* 37-47.

Chan, J. C., McDermott, K. B., & Roediger, H. L. (2007). Retrieval-induced facilitation. *Journal of Experimental Psychology: General, 135*(4), 553-571.

Charbonnier, E., Huguet, P., Brauer, M., & Monte, J. (1998). Social loafing and self-beliefs: People's collective effort depends on the extent to which they distinguished themselves as better than others. *Social Behavior and Personality, 26*(4), 329-340. doi:10.2224/sbp.1998.26.4.329

Cherry, K. (2010). Explanations for forgetting. Retrieved June 8, 2011, from http://psychology.about.com/od/cognitivepsychology/tp/explanations-for-forgetting.htm

Chickering, A. W., & Gamson, Z. F. (1991). Applying the seven principles for good practice in undergraduate education. *New Directions for Teaching and Learning, 47,* 51-61.

Collier, K. G. (1980). Peer-group learning in higher education: The development of higher-order skills. *Studies in Higher Education, 5*(1), 55-62.

Cooke, S. F., & Bliss, T. V. (2006). Plasticity in the human central nervous system. *Brain, 129*(7), 1659-1673. doi:10.1093/brain/awl082.PMID_16672292

Cooper, J., & Associates. (1990). *Cooperative learning and college instruction.* Long Beach: Institute for Teaching and Learning, California State University.

Cooperative Institutional Research Program. (1995). 1994 Nine year follow-up survey (of 1985 freshmen). *Higher Education Research Institute at UCLA.*

Retrieved October 18, 2010, from http://www.jstor.org/stable/3211250

Cotman, C., Carl, W., Berchtold, N., & Christie, L. A. (2007). Corrigendum: Exercise builds brain health: Key roles of growth factor cascades and inflammation. *Trends in Neurosciences, 30*(10), 489.

Crisp, B. (2007). Is it worth the effort? How feedback influences students' subsequent submission of assessable work. *Assessment & Evaluation in Higher Education, 32*(5), 571–581.

Cross, P.K. (2001). Motivation, er... will that be on the test? Oral presentation given to the League for Innovation in the Community College, Mission Viejo, CA.

Cull, W. (2000). Untangling the benefits of multiple study opportunities and repeated testing for cued recall. *Applied Cognitive Psychology, 14,* 215–235.

Customer Service Training. McDonald's developed by 3dsolve.com. Retrieved December 12, 2010, from http://www.3dsolve.com/

Dale, E. (1969). *Audio-visual methods in teaching.* New York: Dryden.

Damasio, A. R. (1994). *Descartes' error: Emotion, reason, and the human brain.* New York: Grosset/Putnam.

Damasio, A. R. (2001). Fundamental feelings. *Nature, 413,* 781.

Davachi, L., & Bernhard, P. S. (2009). Mind the gap: Binding experiences across space and time in the human hippocampus. *Neuron, 63*(2), 267–276. doi:10.1016/j.neuron.2009.06.024

Davachi, L., Tambini, A., & Ketz, N. (2010). Enhanced brain correlations during rest are related to memory for recent experiences. *Neuron, 65*(2), 280–290.

de Byl, P. (2009). Is there an augmented reality future for e-learning? *Proceedings of the IADIS International Conference on e-Learning Algarve, Portugal 17–20 June.* Retrieved March 12, 2011, from http://www.iadisportal.org/e-learning-2009-proceedings

de Groot, A. D. (1946). *Thought and choice in chess.* Amsterdam: Noord-Hollandsche Uitgeversmaatschappij.

Dehaene, S. (2009). *Reading in the brain.* New York: Penguin Publishing.

Devlin, K. (2002). In PBS literacy links program synopses, p. 12. Retrieved February 12, 2011, from http://www.ketadultleaming.org/pdf/ged_synopses.pdf

Dewey, J. (1933). *How we think: A restatement of the relation of reflective thinking to the educative process.* Boston, MA: D.C. Heath.

Diefes-Dux, H., Follman, D., Imbrie, P.K., Zawojewski, J., Capobianco, B., & Hjalmarson, M. (2004). Model eliciting activities: An in-class approach to improving interest and persistence of women in engineering. *Proceedings of the 2004 American Society for Engineering Education Annual Conference & Exposition.* American Society for Engineering. Retrieved October 29, 2010, from http://www.iwitts.com/html/022diefes-dux.pdf

Diekelmann, S., & Born, J. (2010). Slow-wave sleep takes the leading role in memory reorganization. *Nature Reviews Neuroscience, 11,* 218. doi:10.1038/nrn2762-c2

Dondlinger, M. J. (2007). About serious games. *Journal of Applied Educational Technology, 4*(1). Retrieved January 17, 2011, from http://www.abfirstresponse.co.uk/Aybee/serious%20games.html

Donovan, M. S., Bransford, J. D., & Pellegrino, J. W. (Eds.). (1999). *How people learn: Bridging research and practice.* Washington, DC: National Academy Press.

Doyle, T. (2008). *Helping students learn in a learner centered environment: A guide to teaching in higher education.* Sterling, VA: Stylus.

Duclukovic, N. M., & Wagner, A. D. (2006). Attending to remember and remembering to attend. *Neuron, 49,* 784-787.

Duncan, N. (2007). Feed-forward: Improving students' use of tutor comments. *Assessment & Evaluation in Higher Education, 32*(3), 271-283.

Duncan, N., Prowse, S., Hughes, J., & Burke, D. (2007). Do that and I'll raise your grade: Innovative module design and recursive feedback. *Teaching in Higher Education, 12*(4), 437-445.

Dux, P. E., Ivanoff, J., Asplund, C. L. O., & Marois, R. (2006). Isolation of a central bottleneck of information processing with time-resolved fMRI. *Neuron, 52*(6),

1109-1120.

Dweck, C. S. (2006). *Mindset: The new psychology of success*. New York: Random House.

Dweck, C. (2007). In M. Krakovsky, The effort effect. *Stanford Magazine,* March/April. Retrieved September 14, 2010, from http://www.stanfordalumni.org/news/magazine/2007/marapr/features/dweck.html

Dweck, C. S. (2007). Interview in *Stanford News*. Retrieved March 11, 2011, from http://news.stanford.edu/news/2007/february7/videos/179_flash.html

Dweck, C. S. (2009). *Mindset: Powerful insights* from interview on the Positive Coaching Alliance website. Retrieved October 28, 2010, from http://www.positivecoach.org/carol-dweck.aspx

Ebbinghaus, H. (1885). *Memory: A contribution to experimental psychology.* New York: Teachers College, Columbia University.

Ebbinghaus, H. (1913). *A contribution to experimental psychology.* New York: Teachers College, Columbia University.

EDUCAUSE Learning Initiative.(2006). An Online Portfolio System for Undergraduate Engineering Students. Retrieved June 7, 2011, from http://www.educause.edu/ELI/ELIInnovationsImplementationsP/156786

Edwards, J., & Fraser, K. (1983). Concept maps as reflections of conceptual understanding. *Research in Science Education, 13,* 19–26.

E-Health MD. (2011). *What is AIDS?* Retrieved October 15, 2010, from http://ehealthmd.com/library/aidswomen/AID_whatis.html

Eriksson, P., Perfilieva, E., Bjork-Eriksson, T., Alborn, A. M., Nordborg, C., Peterson, D., & Gage, F. H. (1998). Neurogenesis in the adult human hippocampus. *Nature Medicine, 4*(11), 1313–1317.

Ewell, P. T. (1997). *Organizing for learning: A point of entry.* Discussion proceedings at the 1997 AAHE Summer Academy Snowbird, Utah, July. National Center for Higher Education Management Systems (NCHEMS).

Examples of Authentic Assessment. Northern Illinois University. Retrieved October 5,

2010, from jove.geol.niu.edu/faculty/kitts/GEOL401/inquiryassessment401.pp

Farah, M. (2011). *Analyzing successful ways to build better brains and improve cognitive performance.* Retrieved January 3, 2011, from http://nextbigfuture.com/2011/01/analyzing-successful-ways-to-build.html

Ferris, S. (2003). Insufficient memory: Can a pill boost your brain's ability to hold information? *Newsday.com.* Retrieved October 17, 2010, from http://www.cogmtiveliberty.org/dll/memory_drugs_newsday.html

Ferry, B., Kervin, L., Carrington, L., & Prcevich, K. (2007). The need for choice and control: Preparing the digital generation to be teachers. *ICT: Providing choices for learners and learning.* Proceedings ASCILITE Conference, Singapore. Retrieved January 12, 2011, from http://www.ascilite.org.au/conferences/singapore07/procs/ferry.pdf

Foerde, K., Knowlton, B. J., & Poldrack, R. A. (2006). *Modulation of competing memory systems by distraction.* Retrieved January 12, 2011, from http://www.poldracklab.org/Publications/pdfs/Proc%20Natl%20Acad%20Sci%20USA%202006%20Foerde-1.pdf

Frank, L. M., & Karlsson, M. P. (2009). Awake replay of remote experiences in the hippocampus. *Nature Neuroscience, 12*(7), 913-918.

Franklin Institute. (2004). *Early movement in animals.* Retrieved February, 2011, from http://www.fi.edu/learn/brain/exercise.html

Gage, F. H., Small, S. A., Pereira, A. C., Huddleston, D.E., Brickman, A. M., Sosunov, A. A., ... Brown, T. R. (2007). An in vivo correlate of exercise-induced neurogenesis in the adult dentate gyrus. *Proceedings of the National Academy of the Sciences of the United States of America, 104*(13), 5638-5643.

Gardiner, L. F. (1994). *Redesigning higher education: Producing dramatic gains in student learning.* Washington, DC: Graduate School of Education and Human Development, George Washington University.

Gardner, H. (1999). *Intelligence reframed: Multiple intelligences for the 21st century.* New York: Basic Books.

Gee, J. (2003). *What videogames have to teach us about learning and literacy.* New York and Houndmills, Basingstoke: Palgrave MacMillan.

Genetics Science Learning Center. (2010). University of Utah. Retrieved January 7, 2011, from http://learn.genetics.utah.edu/

Glasser, C. (1998). *The quality world series.* Chatsworth, CA: The William Glasser Institute.

Goldberg, E. (2009). *The new executive brain: Frontal lobes in a complex world.* New York: Oxford University Press.

Gould, E. (2008). In John J. Ratey, MD, *Spark: The revolutionary new science of exercise and the brain* (p. 50). New York: Little Brown.

Grabulosa, J., Serra, M., Adan, A., Falcpon, C., & Bargallp, N. (2010). Glucose and caffeine effects on sustained attention: An exploratory fMRI study. *Human Psychopharmacology: Clinical and Experimental,* doi:10.1002/hup.1150

Grasha, A. (1996). *Teaching with style.* Pittsburgh, PA: Alliance.

Gurd, V. (2009). Exercise improves learning. Trusted.MD Network. Retrieved June 10, 2011, from http://trusted.md/blog/vreni_gurd/2009/04/25/exercise_improves_learning#ixzz1OtFocXfL

Hamilton, A. (2010). Studies: An Idle Brain May Be Ripe for Learning. Retrieved June, 7, 2010, from http://www.time.com/time/health/article/0,8599,1957114,00.html#ixzz1ObSMelHW

Hart, P. (2006). *How should colleges prepare students to succeed in today's global economy?* Retrieved April 24, 2010, from http://www.aacu.org/advocacy/leap/documents/Re8097abcombined.pdf

Hattie, J., & Timperley, H. (2007). The power of feedback. *Review of Educational Research, 77,* 81–112.

Herrington, J., Oliver, R., & Reeves, T. C. (2003). Patterns of engagement in authentic online learning environments. *Australian Journal of Educational Technology, 19*(1), 59–71. Retrieved April 24, 2010, from http://www.ascilite.org.au/ajet/ajet19/herrington.html

Hess, R. D. (2004). *A guide to writing scholarly articles*. Retrieved June 9, 2011, from www.elsevier.com/framework_products/.../edurevReviewPaperWriting.pdf

Heuer, F., & Reisberg, D. (1990). Vivid memories of emotional events: The accuracy of remembered minutiae. *Memory & Cognition, 18,* 496–506.

Hillman, C., & Castelli, D. M. (2007a). Physically fit children appear to do better in classroom. *Research Quarterly for Exercise and Sport, 64,* 178–188.

Hillman, C. H., & Castelli, D. M. (2007b). Physical education performance outcome and cognitive function. *Journal of Sport and Exercise Psychology, 19,* 249–277.

Hillman, C. H., Castelli, D. M., Buck, S. M., & Erwin, H. (2007). Physical fitness and academic achievement in 3rd & 5th grade students. *Journal of Sport & Exercise Psychology, 29,* 239–252.

Hillman, C. H., Erickson, K., & Kramer, A. F. (2008). Be smart, exercise your heart: Exercise effects on brain and cognition. *Nature Reviews Neuroscience, 9,* 58–65. doi:10.1038/nrn2298

Hillman, C., Motl, R. W., Pontifex, M. B., Iversiteit, V., Boomsma, D., De Geus, E. J. C., Posthuma, D., & Stubbe, J. (2006). Exercise appears to improve brain function among younger people. *Science Daily.* Retrieved March 13, 2011, from http://www.sciencedaily.com/releases/2006/12/061219122200.htm

Hillman, C. H., Pontifex, M. B., Raine, L. B., Castelli, D. M., Hall, E. E., & Kramer, A. F. (2009). The effect of acute treadmill walking on cognitive control and academic achievement in preadolescent children. *Neuroscience, 159*(3), 1044–1054.

Institute of Education Sciences. (2007). *Organizing instruction and study to improve student learning.* Washington, DC: National Center for Education Research.

Isaac, J. T., Buchanan, K. A., Muller, R. U., & Mellor, J. R. (2009). Hippocampal place cell firing patterns can induce long-term synaptic plasticity in vitro. *Journal of Neuroscience, 29*(21), 6840–6850.

Jha, A. (2011). Meditation improves brain anatomy and function. *Psychiatry Research: Neuroimaging on Science Direct, 191*(1), 1–86. Retrieved January 30,

2011, from www.sciencedirect.com/science/journal/09254927

Johnson, S., & Taylor, K. (Eds.). (2006). In F. I. Editor & S. I. Editor, Functions of the human brain. *The Neuroscience of Adult Learning* (pp. 53–62). San Francisco: Jossey-Bass.

Jukes, I., & Dosa, A. J. (2003). *The InfoSavvy Group,* as quoted on www.apple.com. Retrieved November 15, 2010, from www.apple.com/au/education/digitalkids/disconnect/landscape.html

Kaner, S., Lind, L., Toldi, C., Fisk, S., & Berger, D. (2007). *Facilitator's guide to participatory decision-making.* San Francisco, CA: Jossey-Bass.

Karlsson M.P., & Frank L.M. (2009). Awake replay of remote experiences in the hippocampus. *Nature Neuroscience, 12*(7), 913–918.

Karp, D. A., & Yoels, W. C. (1976). The college classroom: Some observation on the meaning of student participation. *Sociology and Social Research, 60,* 421–439.

Keller, D., (2011). Academic Performance. Retrieved June 7, 2011, from http://education.jhu.edu/newhorizons/strategies/topics/applied-learning/academic-performance/

Kensinger, E. A. (2004). Remembering emotional experiences: The contribution of valence and arousal. *Reviews in the Neurosciences, 15,* 241–251.

Kerr, N. L. (1989). Illusions of efficacy: The effects of group size on perceived efficacy in social dilemmas. *Journal of Experimental Social Psychology, 25,* 287–313.

Khatri, P., Blumenthal, J. A., Babyak, M. A., Craighead, W. E., Herman, S., Baldewicz, T., Madden, D. J., ...Krishnan, K. R. (2001). Effects of exercise training on cognitive functioning among depressed older men and women. *Journal of Aging and Physical Activity, 9,* 43–57.

Khurana, S. A collection of Alfred A. Montapert quotes. Retrieved June 7, 2011, from http://quotations.about.com/od/stillmorefamouspeople/a7AlfredAMontape1.htm

Kilbourne, J. (2009). *Sharpening the mind through movement: Using exercise balls as chairs in a university class.* Retrieved October 12, 2010, from www.

balldynamics.com/research/a1237990661.pdf

Kirschner, P. A., Sweller, J., & Clark, R. E. (2006). Why minimal guidance during instruction does not work: An analysis of the failure of constructivist, discovery, problem-based, experiential, and inquiry-based teaching. *Educational Psychologist, 41*(2), 75–86.

Klopfer, E. (2008). *Augmented learning research and design of mobile educational games.* London: The MIT Press.

Kohn, A. (1993). *Punished by rewards: The trouble with gold stars, incentive plans, A's, praise, and other bribes.* Boston, MA: Houghton Mifflin.

Kolb, D. A., & Fry, R. (1975). Toward an applied theory of experiential learning in C. Cooper (Ed.), *Theories of Group Process.* London: John Wiley.

Kramer, A. F., Hahn, S., Cohen, N. J., Banich, M. T., McAuley, E., Harrison, C. R., ... Colcombe, A. (1999). Ageing, fitness and neurocognitive function. *Nature, 400,* 418–419.

Kramer, A. F., Voss, M. W., Erickson, K. I., Prakash, R. S., Chaddock, L., Malkowski, E., ... McAuley, E. (2010). Functional connectivity: A source of variance in the association between cardiorespiratory fitness and cognition? *Neuropsychologia, 48,* 1394–1406.

Kuhn, T. S. (1962). *The structure of scientific revolutions* (1st ed.). Chicago, IL: University of Chicago Press.

LaBar, K. S., & Phelps, E. A. (1998). Arousal-mediated memory consolidation: Role of the medial temporal lobe in humans. *Psychological Science, 9,* 490–493.

Larson, B. E. (2000). Classroom discussion: A method of instruction and a curriculum outcome. *Teaching and Teacher Education, 26*(5–6), 661–677.

Latane, B., & Harkins, S. G. (1998). Population and political participation: A social impact analysis of voter responsibility. *Group Dynamics, 2*(3), 192–207.

Latane, B., Williams, K., & Harkins, S. (1979). Many hands make light the work: The causes and consequences of social loafing. *Journal of Personal Sociology and Psychology, 37,* 822–832.

Lave, J. (1988). *Cognition in practice: Mind, mathematics, and culture in everyday life*. Cambridge, England: Cambridge University Press.

Lave, J., & Wenger, E. (1991). *Situated learning: Legitimate peripheral participation*. Cambridge, England: Cambridge University Press.

Lawson, L. (2002). Scaffolding as a teaching strategy. Retreived June 7, 2011, from http://www.docstoc.com/docs/54255229/Scaffolding-as-a-Teaching-Strategy

Lepper, M., & Woolverton, M. (2002). The wisdom of practice: Lessons learned from the study of highly effective tutors. In J. Aronson (Eds.), *Improving academic achievement* (pp. 135–158). San Diego, CA: Elsevier Science.

Lepper, M. R., Woolverton, M., Mumme, D. L., & Gurtner, J. L. (1993). Motivational techniques of expert human tutors: Lessons for the design of computer-based tutors. In S. P. Lajoie & S. J. Derry (Eds.), *Computers as cognitive tool* (pp. 75–105). Hillsdale, NJ: Erlbaum.

Lesh, R. (1998). The development of representational abilities in middle school mathematics: The development of student's representations during model eliciting activities. In I. E. Sigel (Ed.), *Representations and student learning*. Mahwah, NJ: Erlbaum.

Lesh, R., Hoover, M., Hole, B., Kelly, A., & Post, T. (2000). Principles for developing thought-revealing activities for students and teachers. In A. Kelly & R. Lesh (Eds.), *Handbook of research design in mathematics and science education* (pp. 591–646). Mahwah, NJ: Lawrence Erlbaum.

Levy, F., & Murnane, R. (2005). *The new division of labor: How computers are creating the next job market*. Princeton, NJ: Princeton University Press.

Loftus, E. (2010). Explanations for forgetting: Reasons why we forget. In *about.com Psychology*. Retrieved December 13, 2010, from http://psychology.about.com/od/cognitivepsychology/tp/explanations-for-forgetting.htm

Lombardi, M. M. (2007). Authentic learning for the 21st century: An overview. *ELI Paper 1*. Retrieved November 5, 2010, from http://www.educause.edu/ELI/AuthenticLearningforthe21stCen/156769

Lowinson, J., Ruiz, P., Millman, R., & Langrod, J. (1997). *Substance abuse: A comprehensive textbook* (3rd ed.). Baltimore, MD: Williams & Wilkens.

Lowman, J. (1995). *Mastering the techniques of teaching* (2nd ed.). San Francisco, CA: Jossey-Bass.

Lwin, M. O., Morrin, W., & Krishna, A. (2010). Exploring the superadditive effects of scent and pictures on verbal recall: An extension of dual coding theory. *Journal of Consumer Psychology, 20,* 317-326.

MacKay, W. A. (1999). Neuro 101, *neurophysiology without tears* (6th ed.). Toronto, Ontario: Sefalotek.

Marra, T. (2010). *Authentic learning environments.* Retrieved November 10, 2010, from http://www-personal.umich.edu/~tmarra/authenticity/page3.html

Mattson, M. P., Duan, W., Wan, R., & Guo, Z. (2004). Prophylactic activation of neuroprotective stress response pathways by dietary and behavioral manipulations. *NeuroRx,* 111-116. Retrieved June 8, 2011, from http://www.ncbi.nlm.nih.gov/pubmed/15717011

Mayer, R. E. (1989). Systematic thinking fostered by illustrations in scientific text. *Journal of Educational Psychology, 81,* 240-246.

Mayer, R. E. (2004). Should there be a three-strikes rule against pure discovery learning? The case for guided methods of instruction. *American Psychologist, 59*(1), 14-19.

Mayer, R. E. (2009). *Multimedia learning* (2nd ed.). New York: Cambridge University Press.

Mayer, R. E., & Anderson, R. B. (1991). Animations need narrations: An experimental test of a dual-coding hypothesis. *Journal of Educational Psychology, 83,* 484-490.

Mayer, R. E., & Anderson, R. B. (1992). The instructive animation: Helping students build connections between words and pictures in multimedia learning. *Journal of Educational 84*(4), 444-452.

Mayer, R. E., & Gallini, J. K. (1990). When is an illustration worth ten thousand words? *Journal of Educational Psychology, 82,* 715–726.

Mayer, R. E., & Moreno, R. (1998a). A cognitive theory of multimedia learning: Implications for design principles. Retrieved June 8, 2011, from http://www.unm.edu/~moreno/PDFS/chi.pdf

Mayer, R. E., & Moreno, R. (1998b). A split-attention effect in multimedia learning: Evidence for dual information processing systems in working memory. *Journal of Educational Psychology, 90,* 312–320.

Mayer, R. E., & Sims, V. K. (1994). For whom is a picture worth a thousand words? Extensions of a dual-coding theory of multimedia learning. *Journal of Educational Psychology, 86,* 389–401.

Mayer, R. E., Steinhoff, K., Bower, G., & Mars, R. (1995). A generative theory of textbook design: Using annotated illustrations to foster meaningful learning of science text. *Educational Technology Research and Development, 43,* 31–44.

McAleese, R. R. (1994). A theoretical view on concept mapping. *ALT, 2*(2), 38–48.

McCabe, S. E., Knight, J. R., Teter, C. J., & Wechsler, H. (2005). Nonmedical use of prescription stimulants among U.S. college students: Prevalence and correlates from a national survey. *Addiction, 99,* 96–106.

McDaniel, M. A., & Fisher, R. P. (1991). Tests and test feedback as learning sources. *Contemporary Educational Psychology, 16,* 192–201.

McDaniel, M. A., Roediger, H. L., Ⅲ, & McDermo, K. B. (2007). Generalizing test-enhanced learning from the laboratory to the classroom. *Psychonomic Bulletin & Review, 14,* 200–206.

McFarlene, A., Sparrowhawk, A., & Heald, Y. (2002). Report on the educational use of games. *Technical Report, TEEM.* Retrieved October 19, 2010, from www.teem.org.uk/publications/teem_gamesined_full.pdf

McKeachie, W. J. (1978). *Teaching tips: A guidebook for the beginning college teacher* (7th ed.). Lexington, MA: Heath.

McKeachie, W. (1994). *Teaching tips: Strategies, research, and theory for college and university teachers* (9th ed.). Lexington, MA: DC Heath.

McKenzie, J. (1999). Scaffolding for success. *The Educational Journal, (9)*, 4. Retrieved November 1, 2010, from http://www.fno.org/dec99/scaffold.html

McKone, E. (1998). The decay of short-term implicit memory: Unpacking lag. *Memory and Cognition, 26*(6), 1173–1186.

Medina, J. (2008). *Brain rules.* Seattle, WA: Pear Press.

Mevarech, Z. R., & Kramarski, B. (2003). The effects of metacognitive training versus worked-out examples on students' mathematical reasoning. *British Journal of Educational Psychology, 73,* 449–471.

Michigan State University Career Services Network. *12 Essentials for success.* Retrieved October 12, 2010, from http://careernetwork.msu.edu/pdf/Competencies.pdf

Microsoft Training. (2010). *How a good smell can induce a better learning environment with PowerPoint.* Retrieved September 12, 2010, from http://www.microsofttraining.net/article-924-how-good-smell-can-induce-better-learning-environment-with-powerpoint.html

Middendorf, J., & Kalish, A. (1996). The "Change-Up" in lectures. Teaching Resources Center, Indiana University. Retrieved March 1, 2011, from http://www.ntlf.com/html/pi/9601/article1.htm

Mintzes, J. J., Wandersee, J. H., & Novak, J. D. (2000). *Assessing science understanding: A human constructivist view.* San Diego: Academic Press.

Modie, J. (2003). "Good" chemical: Neurons in brain elevated among exercise addicts. Oregon Health & Science University (September 29). *Science Daily.* Retrieved March 13, 2011, from http://www.sciencedaily.com/releases/2003/09/030929053719.htm

Mohs, R. C. (2010). *How human memory works.* Retrieved January 11, 2011, from http://health.howstuffworks.com/human-body/systems/nervous-system/human-memory4.htm

Mullen, B. (1983). Operationalizing the effect of the group on the individual: A selfattention perspective. *Journal of Experimental Social Psychology, 19,* 295–322.

Muller, J. (2006). What is authentic assessment? Retrieved June 7, 2011, from http://jfmueller.faculty.noctrl.edu/toolbox/

Najjar, L. J. (1998). Principles of educational multimedia user interface design. *Human Factors, 40*(2), 311–323.

National Library of Medicine. Visible human project. Retrieved December 12, 2010, from http://www.nlm.nih.gov/research/visible/visible_human.html

National Summit on Educational Games. (2006). *Harnessing the power of games.* Washington, DC: Federation of American Scientists.

Nauert, R. (2010). How Active Learning Improves Memory. Retrieved June 13, 2011, from http://psychcentral.com/news/2010/12/06/how–active–learning–improves–memory/21563.html

Nellis, B. (2006). Mayo clinic obesity researchers test classroom of the future. *Pedi–atrics/Children's Health.* Retrieved October 15, 2010, from http://www.medicalnewstoday.com/articles/39630.php

Newell, F., Bulthoff, H. H., & Ernst, M. (2003). Cross–modal perception of actively explored objects. Proceedings *EuroHaptics,* 291–299.

Newmann, F. M., Secada, W. G., & Wehlage, G. G. (1995). *A guide to authenticinstruction and assessment: Vision, standards, and scoring.* Madison, WI: Wisconsin Center for Education Research.

Nicol, D., & Draper, S. (2008). Redesigning written feedback to students when class sizes are large. Paper presented at the *Improving University Teachers Conference,* July, Glasgow.

Nidich, S. I., Fields, J. Z., Rainforth, M. V., Pomerantz, R., Cella, D., Kristeller J., & Schneider, R.H. (2009). A Randomized controlled trial of the effects of transcendental meditation on quality of life in older breast cancer patients. *Integrative Cancer Therapies, 8*(3), 228–234.

Nilson, L. (1996). *Teaching at its best.* Nashville, TN: Vanderbilt University.

North Central Regional Education Laboratory. (2011). *Traits of Authentic Education.* Retrieved October 14, 2010, from www.ncrel.org/sdrs/areas/issues/content/cntar-eas/science/sc500.htm

Novak, J. D. (1990). Concept maps and vee diagrams: Two metacognitive tools for science and mathematics education. *Instructional Science, 19,* 29-52.

Novak, J. D., & Caiias, A. J. (2006). *The theory underlying concept maps and how to construct and use them.* Retrieved December 7, 2010, from http://cmap.ihmc.us/Publications/ResearchPapers/TheoryCmaps/TheoryUnderlyingConceptMaps.htm

Novak, J. D., & Gowin, D. B. (1984). *Learning how to learn.* New York: Cambridge University Press.

Oberlander, E. M., Oswald, F. L., Hambrick, D. Z., & Jones, L. A. (2007). Individual differences as predictors of error during multitasking. *Technical Report for Navy Personnel Research, Studies, and Technology* (NPRST-TN-07-9). Millington, TN.

Ochsner, K. N. (2000). Are affective events richly recollected or simply familiar? The experience and process of recognizing feelings past. *Journal of Experimental Psychology: General, 129,* 242-261.

Orts, E. W. (2010). *Tragedy of the Tuna.* Retrieved December 12, 2010, from http://www.wharton.upenn.edu/learning/tragedy-of-the-tuna.cfm

Overbaugh, R., & Schultz, L. (2008). Blooms Revised Taxonomy Comparison. Retrieved June 9, 2011, from http://www.odu.edu/educ/roverbau/Bloom/blooms_taxonomy.htm

Paivio, A. (1986). *Mental representations: A dual coding approach.* Oxford, England: Oxford University Press.

Pashler, H., Bain, P., Bottge, B., Graesser, A., Koedinger, K., McDaniel, M., & Metcalfe, J. (2007). *Organizing instruction and study to improve student learning* (NCER 2007-2004). Washington, DC: National Center for Education Research,

Institute of Education Sciences, U.S. Department of Education.

Pashler, H., Cepeda, N., Wixted, J., & Rohrer, D. (2005). When does feedback facilitate learning of words? *Journal of Experimental Psychology: Learning, Memory, and Cognition, 31,* 3–8.

Pashler, H., Rohrer, D., Cepeda, N. J., & Carpenter, S. K. (2007). Enhancing learning and retarding forgetting: Choices and consequences. *Psychonomic Bulletin and Review, 14,* 187–193.

Perry, D. J. (2002). *Unit 5: Cognitive development theories.* Retrieved November 16, 2010, from http://www.education.indiana.edu/~p540/webcourse/develop.html

Pert, C. B. (1997). *Molecules of emotion: The science behind mind–body medicine.* New York: Simon & Schuster.

Piaget, J. (1954). *The construction of reality in the child.* New York: Basic Books.

Piezon, S. L., & Donaldson, R. L. (2005). Online groups and social loafing: Understanding student–group interactions. *Online Journal of Distance Learning Administration, 8*(4). Retrieved July 7, 2010, from http://www.westga.edu/~distance/ojdla/winter84/piezon84.htm

Prensky, M. (2001). *What readers are saying about digital game-based learning.* New York: McGraw-Hill.

Price, K. H., & Harrison, D. A. (2006). Withholding inputs in team context: Member composition, interaction process, evaluation structure, and social loafing. *Journal of Applied Psychology, 91*(6), 444–452.

Pytel, B. (2007). No more classroom chairs, students are sitting on exercise balls. *Suite101.com.* Retrieved November 11, 2010, from http://www.balldynamics.com/research/a1235761967.pdf

Rasch, B., Buchel, C., Gais, S., & Born, J. (2007). Odor cues during slow wave sleep prompt declarative memory consolidation. *Science,* 1426–1429.

Ratey, J. (2001). *A user's guide to the brain.* New York: Pantheon Books.

Ratey, J. (2008). *Spark: The revolutionary new science of exercise and the brain.* New York: Little Brown.

Rawson, K. (2010). Practice tests really do improve learning. *The Journal Science Practice.* Retrieved November 1, 2010, from http://health.usnews.com/health-news/family-health/brain-and-behavior/articles/2010/10/14/practice-tests-really-do-improve-learning-study.html

Resnick, L. B. (1987). The 1987 Presidential Address: Learning in school and out. *Educational Researcher, 16*(9), 13–20.

Ribeiro, S. (2004). Sleeper effects: Slumber may fortify memory, stir insight. *Science News, 165*(4), 53.

Ribeiro, S., Gervasoni, D., Soares, E. S., Zhou, Y., Lin, S. C., Pantoja, J., Lavine, M., & Nicolelis, M. A. (2004). Long-lasting novelty-induced neuronal reverberation during slow-wave sleep in multiple forebrain areas. *PLoS Biology, 2*(1), 24. doi:10.1371/journal.pbio.0020024

Rinck, M. (1999). Memory for everyday objects: Where are the digits on numerical keypads? *Applied Cognitive Psychology, 13*(4), 329–350.

Robert, B. C. (2000). Patterns, the brain, and learning. *The Science of Learning, 4*(3).

Roediger, H. L., III, & Karpicke, J. D. (2006). *The power of testing memory: Implications for educational practice.* Unpublished manuscript, Washington University in St. Louis.

Rogers, D., Deno, S. L., & Markell, M. (2001). Systematic Teaching and Recording Tactic S.T.A.R.T.: A generic reading strategy. *Intervention, 37*(2), 96–100.

Rogers, S., Ludington, J., & Graham, S. (1998). *Motivation and learning.* Evergreen, CO: Peak Learning Systems.

Rogers, S., & Renard, L. (1999). Relationship-driven teaching. *Educational Leadership.* September, 34–37.

Ruggerio, V. (1995). Oral presentation on *Thinking Critically,* given at Ferris State University, March 1995.

Rule, A. C. (2006). Editorial: The components of authentic learning. *Journal of Authentic Learning, 3*(1), 1–10.

Sahakian, B., & Morein-Zamir, S. (2007). Professor's little helper. *Nature, 450,*

1157–1159. Retrieved December 7, 2010, from http://www.nature.com/nature/journal/v450/n7173/full/4501157a.html

San Francisco Edit. (2010). *Research related questions*. Retrieved October 11, 2010, from http://www.sfedit.net/index.html

Schacter, D. (2001). *The seven sins of memory: How the mind forgets and remembers*. Boston, MA: Houghton Mifflin.

Schacter, D. L., & Dodson, C. S. (2001). Misattribution, false recognition and the sins of memory. *Philosophical Transactions of the Royal Society of London B: Biological Sciences, 356*(1413), 1385–1393. doi: 10.1098/rstb.2001.0938

Schwarz, R. (2002). *The skilled facilitator: A comprehensive resource for consultants, facilitators, managers, trainers, and coaches*. San Francisco, CA: Jossey–Bass.

Seitz, A. R., Kim, R., & Shams, L. (2006). Sound facilitates visual learning. *Current Biology, 16*(14), 1422–1427.

Serra-Grabulosa, J., Adan, A., Falcon, C., & Bargallo, N. (2010). Glucose and caffeine effects on sustained attention: An exploratory fMRI study. *Human Psychopharmacology: Clinical and Experimental, 25*(7–8), 543–552.

Shams, L., & Seitz, A. (2008). Benefits of multisensory learning. *Trends in Cognitive Science, 12*(11), 411–417.

Shankardass, A. (2009). *A second opinion on learning disorders* (TED). Retrieved September 9, 2010, from http://www.ted.com/talks/aditi_shankardass_a_second_opinion_on_learning_disorders.html

Simon, P. (1966). I am a Rock, I am an Island [Simon & Garfunkel]. *Simon & Garfankel Collected Works* [LP]. New York: Columbia Records.

Smagorinsky, P. (2007). Vygotsky and the social dynamic of classrooms. *English Journal, 97*(2), 61–66.

Smallwood, J., & Schooler, J. (2006). The restless mind. *Psychological Bulletin, 132*(6), 946–958.

Smith, C. N., & Squire, L. R. (2009). Medial temporal lobe activity during retrieval of semantic memory is related to the age of the memory. *The Journal of*

Neuroscience, January 28, 29(4), 930–938. doi:10.1523/JNEUROSCI.4545-08

Smith, F. (1985). *Reading without nonsense.* New York: Teacher College Press.

Smith, M. K. (2001). Facilitating learning and change in groups. *The Encyclopedia of Informal Education.* Retrieved October 17, 2010, from http://www.infed.org/encyclopedia.htm

Soanes, C., Stevenson, A., & Hawker, S. (2006). *Concise Oxford English dictionary (computer software)* (11th ed.). Oxford, England: Oxford University Press.

Spiller, D. (2009). *Assessment: Feedback to promote student learning.* Retrieved November 1, 2010, from http://www.docstoc.com/docs/24436889/Assessment-Feedback-to-promote-student-learning

Staresina, B. P., & Davachi, L. (2009). Mind the gap: Binding experiences across space and time in the human hippocampus. *Neuron, 63*(2), 267–276.

Stark, L. A. (2010). *The new science of addiction.* Genetics Science Learning Center, University of Utah. Retrieved October 4, 2010, from http://learn.genetics.utah.edu/units/addition/index.cfm

Stenberg, G. (2006). Conceptual and perceptual factors in the picture superiority effect. *The European Journal of Cognitive Psychology, 18*(6), 813–847.

Stern, Y. (2009). Cognitive reserve. *Neuropsychologia, 47,* 2015–2028.

Sweller, J. (1988). Cognitive load during problem solving: Effects on learning. *Cognitive Science, 12,* 257–285.

Sweller, J., Kirschner, P. A., & Clark, R. E. (2007). Why minimally guided teaching techniques do not work: A reply to commentaries. *Educational Psychologist, 42*(2), 115–121.

Swing, E. L., Gentile, D. A., Anderson, C. A., & Walsh, D. A. (2010). Television and video game exposure and the development of attention problems. *Pediatrics,* doi:10.1542/peds.2009-1508

Sylwester, R. (1995). *A celebration of neurons: An educator's guide to the human brain.* Alexandria, VA: Association for Supervision and Curriculum Development.

Tambini, A., Ketz, N., & Davachi, L. (2010). Enhanced brain correlations during rest are related to memory for recent experiences. *Neuron, 65*(2), 280–290.

Taras, M. (2003). To feedback or not to feedback in student self-assessment. *Assessment and Evaluation in Higher Education, 28*(5), 549–565.

Taylor, D. (2009). Modern myths of learning: The creative right brain. *Training Zone*. Retrieved February 19, 2011, from http://donaldhtaylor.wordpress.com/writing/modern-myths-of-learning-the-creative-right-brain/

Thompson, C. J. (2009).Educational Statistics Authentic Learning CAPSULES: Community action projects for students utilizing leadership and e-based statistics. *Journal of Statistics Education*, Retrieved June 8, 2011, from http://www.amstat.org/publications/jse/v17n1/thompson.htm

Thompson, D. (2006). *Summit on educational games: Harnessing the power of video games for learning*. Washington, DC: Federation of American Scientist. Retrieved December 7, 2010, from http://www.adobe.com/resources/elearning/pdfs/serious_games_wp.pdf

Underwood, B. J., & Postman, L. (1960). Extra-experimental sources of interference in forgetting. *Psychological Review, 67,* 73–95.

U.S. Bureau of Labor Statistics. (2008). Number of jobs, labor market experience, and earnings growth: Results from a national longitudinal survey news release, June 2008. Retrieved November 18, 2010, from http://www.bls.gov/news.release/archives/nlsoy_06272008.htm

U.S. Department of Education. (2001). *The National Commission of the High School Senior Year*. Retrieved January 12, 2010, from http://www.ecs.org/html/Document.asp?chouseid=2929

U.S. Department of Labor. (2008). Number of Jobs Help from 18–42. Retrieved June 10, 2011, from http://www.bls.gov/nls/y79r22jobsbyedu.pdf

Voss, J. L., Gonsalves, B. D., Federmeier, K. D., Tranel, D., & Cohen N. J. (2011). Hippocampal brain-network coordination during volitional exploratory behavior enhances learning. *Nature Neuroscience, 14*(1), 115–120.

Walker, M.P. (2009). The role of slow wave sleep in memory processing. *Journal of Clinical Sleep Medicine, 5,* S20–S26.

Weimer, M. (2002). *Learner-centered teaching.* San Francisco, CA: Jossey-Bass.

Weuve, J., Kang, J., Manson, J., Breteler, M., Ware, J., & Grodstein, F. (2008). Physical activity, including walking, and cognitive function in older women. Retrieved January 23, 2011, from http://jama.ama-assn.org/content/292/12/1454.abstract

Whitebread, D. (1997). Developing children's problem-solving: The educational uses of adventure games. In A. McFarlane (Ed.), *Information technology and authentic learning* (pp. 13–39). London: Routledge.

Whitson, J., & Galinsky, A. (2008). Lacking control increases illusory pattern perception. *Science, 322*(5898), 115–117.

Wiggins, G. (1990). The case for authentic assessment. *Practical Assessment, Research & Evaluation, 2*(2). Retrieved March 8, 2011, from http://PAREonline.net/getvn.asp?v=2&n=

Wiggins, G. (2004). *Assessment as Feedback.* New Horizons for Learning: Johns Hopkins University School of Education. Retrieved February 14, 2011, from http://education.jhu.edu/newhorizons/strategies/topics/Assessment%20Alternatives/wiggins.htm

Williams, M. (2005). A technology-based model for learning. *Journal on Systemics, Cybernetics, and Informatics.* Retrieved June 8, 2011, from http://www.iiisci.org/journal/CV$/sci/pdfs/P355312.pdf

Yambric, W. (2008). A scaffolding approach to teaching calculus in high school: Conversation at parent-teachers conference, Big Rapids High School.

Ying, Z., Vaynman, S., & Gomez-Pinilla, F. (2004). Exercise induces BDNF and synapses to specific hippocampal subfields. *Journal of Neuroscientific Research, 76*(3), 356–362.

Zadina, J. (2010). *Neuroscience and learning.* Oral presentation at San Jacinto Community College, Houston, TX.

Zins, J. E., Wang, M. C., Weissberg, R. P., & Walberg, H. J. (2004). *Building academic success on social and emotional learning: What does the research say?* New York: Teachers College Press.

Zull, J. (2002). *The art of changing the brain.* Sterling, VA: Stylus.

附 录

课堂讨论指南

1. 每个人在课堂上都有参与讨论的权利和义务，如果有要求，就要做出回应。

2. 总是以开放的心态仔细倾听他人的陈述。

3. 当你不明白别人的观点时，及时要求对方做进一步说明。

4. 如果你质疑别人的想法，要呈现事实依据并运用恰当的逻辑。

5. 如果别人对你的想法提出质疑，指出了你在逻辑或事实运用上出现的错误，你要悦纳并加以改变。

6. 不要在讨论中引入不相干的问题。

7. 如果别人已经提出了你所认同的观点，就无需再重复（除非你有重要的补充）。

8. 陈述要有效率；亮出你的观点，然后把时间留给别人。

9. 最为重要的是，避免嘲笑他人，尊重他人的看法，即使其看法与你的迥异。（讨论指南，[1992年2月]，北卡罗来纳大学教学中心 [UNC Center for Teaching and Learning]。)

课堂小组讨论的基本规则，意在提高小组的责任感

1. 为讨论确定一个时间表（例如，"你将有20分钟"）。

2. 指派一名组长。每次讨论后进行轮换。

3. 小组的每名成员都必须记笔记。小组结论要在全班面前呈现。

4. 每条结论后面都附有对结论做出贡献者的姓名。

5. 教师从小组中随机抽取学生做报告。

6. 可进行各小组的内容测试。

7. 可使用同伴评价。

8. 要求各小组提出问题和/或挑战其他小组的发现。

9. 指定一个计时员。目的是确保小组按时完成任务。

10. 限定报告时间。

11. 所有人都有责任与小组成员分享他们所知道的。

12. 不使用俚语、不用不恰当的语言、不辱骂或指责。

13. 需要对其他组的结果进行评价。（由多伊尔教授授课的大一学生开发，用于 READ 106 课程，2010）

小组讨论基本模式的指导准则

1. 第一条规则是倾听。这意味着，至少要做到一次只能有一个人说话。

2. 下一条规则是包括所有人。

3. 最后一条规则是与人交谈，而不是谈论他人。这意味着不在场的人不能被点名，在场的人也不能以第三人称交谈——不管他或她的名字是否被使用。要避免任何贬损他人的话语。

这三条规则在道德意义上极为重要，可以总结为一条箴言：尊重他人。

基本的小组角色

促进者（任务取向）：确保每个人都能参与。不要让一个人主导对话，要让安静的学生分享其想法或观点。让每个人都专注于任务，专注于议程。

计时员：记录分配给活动/讨论的时间。告知小组成员时间限制。

记录员：将小组的回答写在一张纸上。

记者：与更多的人分享小组讨论的结果、评论或概要。（www.ccsf.edu/Resources/VOICE/.../groupwork/.../groupdiscussion.pdf）

长期小组工作的小组指导原则

所有成员将参加所有的小组会议。

- 成员将准备与小组成员分享其承担的工作。
- 成员之间会相互倾听，必要时以专业和合理的方式提出不同意见或批评。
- 成员将认真对待他们的责任，为小组成功做出充分的贡献。
- 成员将平等地分担准备和完成小组项目的任务。
- 在小组活动开始之前，列出一整套未能履行小组职责的具体后果或惩罚。
- 指派一名小组成员做好小组互动的笔记。
- 每项活动都以一个目的陈述开始。
- 小组将负责活动术语的界定。
- 每个小组都应该准备好建设性地批评其他小组的发现。
- 每名小组成员都要认识到，整个小组的贡献比任一成员的贡献都要大。

（由学生和多伊尔教授共同开发，用于 READ 106 课程，2008）

UNC Center for Teaching and Learning. (1992). *The guided discussion: Ground rules for in-class small group discussion, for your consideration... Suggestions and reflections on teaching and learning,* CTL Number 12. Retrieved February 19, 2011, from http://cfe.unc.edu/pdfs/FYC12.pdf

索 引

abstract idea 抽象的概念, 110

Accreditation Board for Engineering and Technology (ABET) 工程技术委员会, 37

action plan 行动计划, 43—44

active learning 主动学习, 11, 42

  engaged 投入的, 2（序言）

Adan, A. 亚当, 119

Adderall 阿德拉, 10

Administrators, resistance to learner-centered teaching (LCT) 管理者，抵制以学习者为中心的教学, 135

aerobic exercise 有氧运动

  effect on cognition and performance 对认知和表现的影响, 128

  in enhancing learning 在增加学习上, 10

Alborn, A. M. 阿尔伯恩, 130

alphabetical order 字母顺序, 113

analyzing 分析, 82

Anderson, C. A. 安德森, 133

Anderson, L. W. 安德森, 81

Anderson, R. B. 安德森, 91, 93

Andrews, J. D. 安德鲁斯, 81

annotation 注释, 43

applying 应用, 82

apprenticeship model 学徒模式, 19

Arnsten, A. F. T. 昂斯滕, 120

Aronson, Joshua 阿伦森，约书亚, 56

Arum, R. 阿鲁姆, 2

Asplund, C. L. O. 阿斯普伦德, 8

assignment due dates 作业截止日期, 68

Astronomical Milestones Exhibits 天文学重大事件展, 30

Atkins, D. 阿特金斯, 55

Atkins, M. 阿特金斯, 74

attention 注意力, 10

  daydreaming and 白日梦, 7—8

attention deficit disorder (ADD) 注意缺陷障碍, 10

attention deficit hyperactivity disorder(ADHD) 注意缺陷多动障碍, 10, 131

audiolingual method 听说法, 136

auditory cortex 听觉皮层, 90

auditory-processing problem, dyslexia as 听觉处理问题，阅读障碍症, 4

augmented learning 增强学习

  books for……的书, 99

  as multisensory 作为多感官的, 98—99

Australian Society for Computers in Learning in Tertiary Education (ASCILITE) Conference, presentation on authentic learning simulation at 澳大利亚高等教育计算机学习学会会议，关于真实性学习模拟的报告, 63

authentic assessments 真实性评估, 35—36

reasons for using tools 运用工具的理由, 34—36

authentic education, traits of 真实教育，……的特征, 28

authentic experience, designing 真实性体验，设计, 28—29

authentic learning 真实性学习, 2（序言）, 23—39

  composition and 写作和, 33—34

  defined 界定, 24

　　　　examples of experiences in higher education classrooms 高等教育课堂体验的案例, 29—31

　　　　features of……的特征, 27—28

　　　　integrating, into daily teaching 融入，到日常教学, 39

　　　　link between preparation and meaning 准备和意义之间的联系, 23

　　　　model eliciting activities 模型启发活动, 31—32

　　　　as multisensory 作为多感官的, 98—99

　　　　power of……的力量, 3（简介）

　　　　research support for 为……提供研究支持, 25—26

　　　　use of standards in creating activities 使用标准创建活动, 33

autism 自闭症, 5

Babyak, J. R. 巴比亚克, 131

Bain, P. 拜恩, 110

Baldewicz, S. 巴尔德维茨, 131

Banaszynski, J. 巴纳辛斯基, 19

Bandura, A. 班杜拉, 123

Baram, T. Z. 巴拉姆, 119

Bargallo, N. 巴尔加略, 119

Barrett, N. F. 巴雷特, 104

Barton, J. 巴顿, 73

Begley, S. 贝格莱, 6, 7, 9, 10, 11, 130

Berchtold, N. 贝希托尔德, 128

Berger, D. 伯杰, 42

Berman, M. G. 伯曼, 8, 9

best practices, using 最佳实践，运用, 62

Bibb, James 比布，詹姆斯, 6

Birbili, Maria 伯比利，玛利亚, 100*n*

Bjork, D. R. 比约克, 13, 17, 123, 124, 125

Bjork-Eriksson, T. 比约克-埃里克松, 130

Blackboard 毕博, 18

Bligh, D. A. 布莱, 81

Bliss, T. V. 布利斯, 130

blocking 阻塞, 118

Bloom, B. S. 布鲁姆, 81

  revised taxonomy of……的修订版分类学, 81

Blumenthal, K. 布卢门撒尔, 131

Bohn, R. 博恩, 22

Bok, D. 博克, 134

Borderlands Issue Project 边境问题项目, 31

Born, J. 玻恩, 92, 115

Bottge, B. A. 博特奇, 110

Bousquet, M. 布斯凯, 131

Bower, G. 鲍尔, 94

Brainard, J. 布雷纳德, 135

brain-based learning 基于大脑的学习, 11

brain derived neurotrophic factor (BDNF) 脑源性神经营养因子, 126, 127

  exercise and 锻炼和, 128—131

  hippocampus, effects of 海马体, ……的作用, 130

  production of……的产生, 6

brain fatigue, drawback to 大脑疲劳, ……的短处, 8—9

brain research, student learning in 大脑研究, 学生……方面的学习, 5—7

brains 大脑

  growing of……的成长, 56

  neuroplasticity of……神经可塑性, 6—7

  in seeking patterns 在寻找模式, 103

Bransford, J. D. 布兰斯福德, 19, 24, 136

Brauer, M. 布劳尔, 75

Breteler, M. 布雷特勒, 128

Brickman, A. M. 布里克曼, 130

Brookfield, S. 布鲁克菲尔德, 73, 75, 81

Brown 布朗, 19

Brown, G. 布朗, 74

Brown, J. S. 布朗, 24, 26, 117

Brown, T. R. 布朗, 130

Bruffee, K. 布鲁菲, 73

Bruner, Jerome 布鲁纳，杰罗姆, 18

Buchanan, K. A. 布坎南, 119

Buchel, C. 比歇尔, 92

Buck, S. 巴克, 132

Buck, S. M. 巴克, 131

Bulthoff, H. H. 布尔托夫, 91

Burke, D. 布尔克, 46, 47

Buscaglia, Leo 巴斯卡格里亚，利奥, 121

Caine, G. 凯恩, 51, 104, 105, 106

Caine, R. 凯恩, 51, 104

Calibrated peer review (CPR) system 校准的同伴评阅（CPR）系统, 34

Cañas, A. J. 卡纳斯, 100

Capobianco, B. 卡波比安科, 31

Caring classroom, establishing 充满关爱的课堂，建立, 62

Carl, W. 卡尔, 128

Carles, S., Jr. 卡尔斯, 130

Carpenter, S. K. 卡彭特, 110, 121

Carrington, L. 卡林顿, 29, 63

Cashman, T. G. 卡什曼, 31

Cassady, J. C. 卡萨迪, 118

Castelli, D. M. 卡斯泰利, 131, 132

cause and effect 因和果, 112

Cella, D. 塞拉, 10

Cepeda, N. J. 塞佩达, 17, 110, 121

Chaddock, L. 查多克, 129, 131

chairless classrooms, benefits of 无椅课堂, ……的益处, 11—12

challenges 挑战

  in fixed mindset 固定型心智的, 53—54

  in growth mindset 成长型心智的, 54

  student's ability to face 学生能力所面对的, 56

Chamberlin, S. A. 钱伯林, 31

Chan, J. C. 陈, 18

changes 变革

  formal, in higher education 正式的，高等教育的, 136

  need for 需要, 127

Charbonnier, E. 沙博尼耶, 75

Chen, Y., 119

Cherry, K. 彻丽, 117

Chess, learning of 国际象棋, ……的学习, 104

Chickering, A. W. 奇克林, 76

choices, giving students, in learning process 选择，给学生，学习过程中, 59, 63—64

Christie, L. A. 克里斯蒂, 128

Clark, R. E. 克拉克, 23

classrooms 课堂

  benefits of chairless 无椅的益处, 11—12

  best use of time in 在……里充分利用时间, 20

  establishing caring 创设关爱, 62

  establishing safe 营建安全, 61

  examples of authentic learning experiences in higher education classrooms 高等教育课堂的真实性学习体验示例, 29—31

    guidelines for discussion in……讨论指南, 144

    human-to-human interactions in……里人与人的互动, 50—51

Cocking 科金, 19

cognition, biological connection between movement and 认知, 运用和……之间的生物学联结, 127

cognitive enhancement 认知增强, 6, 11

  studies of……的研究, 5—6

cognitive theory of multimedia learning 多媒体学习的认知理论, 93—95

  application of, to teaching……的应用，用于教学, 94—95

cognitive training 认知训练, 7

Cohen, N. J. 科恩, 64

collaborating, survival and 合作，生存和, 12

collaborative work skills 协同工作技能, 37, 86

colleagues, resistance to learner-centered teaching (LCT) 同事，对以学习者为中心的教学（LCT）的抵制, 136

Collegiate Learning Assessment (CLA) test, results of 大学生学习评估（CLAssic）测试，……的结果, 2

Collier, K. G. 科利尔, 76

Collins, A. 柯林斯, 26

Commission of The High School Senior Year 高中高年级委员会, 26

common sense, using, building relationships with students 常识，运用，与学生建立关系, 59—61

community, sharing in building 共同体，共同建立, 65

Community Action Projects for Students Utilizing Leadership and E-based Statistics (CAPSULES) 利用领导力和基于电子统计数据的学生社区行动项目, 31

comparison and contrast 比较和对比，111—112

composition, authentic learning and, 作文，真实性学习和，33—34

concept mapping 概念地图，18, 99—100

concepts, visualizing 概念，可视化，124

convergent thinking 聚合思维，81

Cooke, S. F. 库克，130

Cooper & Associates 库珀和同伴，76

Cooperative Institutional Research Program 合作性院校研究项目，76

Corticotropin releasing hormones (CRH) 促肾上腺皮质激素释放激素，118

Cotman, C. 考特曼，127, 128

counseling 咨询法，136

course learning outcomes 课程学习成果，70

course policies, sharing power when forming 课程政策，在制定时分享权力，66—67

Course Smart 课程智慧，70

course textbooks 课程教材，70

Craighead, A. 克雷黑德，131

Cramming 填鸭式，13, 121, 123

creating 创造，82

Crisp, B. 克里斯普，48

critical thinking skills, discussion in developing 批判性思维，讨论中发展，76

criticism 批评

    in fixed mindset 在固定型心智中，53

    giving 进行，58

    in growth mindset 在成长型心智中，54

Cross, P. K. 克罗斯，16

Cross-modal interactions 跨模态交互，90

Cull, W. 卡尔，17

cumulative tests or exams 累积性测试或考试，17, 121

Curnier, D. 柯尼尔, 131

daily learning outcomes, writing 每天的学习成果，写, 42—43
Dale, E. 戴尔, 91, 98
Damasio, A. R. 达马西奥, 5, 122
Darwin, Charles 达尔文，查尔斯, 102
Davachi, L. 达瓦奇, 9, 114, 118
Davis 戴维斯, 69
daydreaming, attention and 白日梦，注意力和, 7—8
Debate 辩论, 83
de Byl, P. 德·拜尔, 77, 98, 99
decay theory 衰减理论, 117
decision making 决策, 10
　　　shared 分享, 65
default network 默认网络, 7
de Groot, A. D. 德·格鲁特, 104
Dehaene, Stanislas 德阿纳，斯坦尼斯拉斯, 3, 4
Deno, S. L. 德诺, 105
Devlin, K. 德夫林, 108
Dewey, J. 杜威, 23, 83
2D Flash adventure game 2D Flash 冒险游戏, 98
Diefes-Dux, H. 迪菲思-德克斯, 31
Diekelmann, S. 狄克曼, 115, 116
digital quantitative electroencephalography (EEG) technology 数字量化脑电描记（EEG）技术, 5
Directed Studies Seminar 研究指导学习研讨课, 88
direct method 直接法, 136
disciplinary research 学科研究, 2（序言）

·181·

discussion knowledge, treating as lecture knowledge 讨论知识，如对待讲座知识，84—85

Discussions 讨论, 140—141

  actions following end of……结束后采取行动, 83—84

  assessing 评估, 84—86

  convincing students that learning is enhanced by 让学生确信学习已被强化, 74—75

  designing effective 设计有效的, 77—79

  in developing critical thinking skills……发展批判性思维技能, 77

  development of groups 小组进展, 5（简介）

  effective, and learning 有效的，和学习, 74

  facilitating an effective group 促进有效的小组, 80—84

  getting students' input on design of 让学生在……的设计中提出意见, 78

  grading small-group skills 给小组技能评分, 85, 86

  ground rules for……的基本原则, 78—79

  guidelines for large- or small-group 大组或小组的指导原则, 71

  incorporating into instruction 融入教学, 5（简介）

  methods of……的方法, 81—83

  rationales for use of 运用……的原理, 76—77

discussion skills 讨论技能

  grading improvement of……的改进评分, 85

  grading small-group 小组评分, 85, 86

3D models 3D 模式, 99

Dodson, C. S. 多德森, 118

Donaldson, R. L. 唐纳森, 75

Dondlinger, M. J. 东林格, 97

Donovan, M. S. 多诺万, 24

dopamine 多巴胺, 3

  role of exercise in increasing production of 在提高……产生上锻炼的作用, 129

Doraiswamy, D. J. 多雷斯瓦米, 131

Dosa, A. J. 多萨, 96

downtime, learning and 休息时间，学习与, 9

Doyle, T. 多伊尔, 1

Draper, S. 德雷珀, 47

drugs 药物

    to enhance memory 来加强记忆, 120

    learning and 学习和, 9—10

3Dsolve 3D 解决, 97

Duan, W. 杜安, 128

Dube, C. M. 杜布, 119

Duclukovic, N. M. 杜克鲁科维奇, 115

Duguid, P. 杜吉德, 26

Duncan, N. 邓肯, 46, 47

Dux, P. E. 达克斯, 8

Dweck, C. S. 德韦克, 51, 52, 53, 55, 56, 57

Dynamic Books 动态书籍, 70

dyslexia 阅读障碍症, 4

early adopters 早期采用者, 137—138

Ebbinghaus, H. 艾宾浩斯, 13, 117

education. *See* higher education 参看高等教育

Education, U.S. Department of 教育，美国……部, 26, 74, 135

Educational Statistics Course Community Collaboration 教育统计学课程的社区协作, 31

educational tools, games as 教育工具，游戏作为, 96

EDUCAUSE Learning Initiative EDUCAUSE 学习行动, 37

effort 努力

  in fixed mindset 固定型心智的, 53—54

  in growth mindset 成长型心智的, 54

Elliott, Elaine 艾略特, 伊莱恩, 52

emotional arousal 情感唤醒, 122

Emporium Model of mathematics instruction 数学教学的商场模式, 20—21

encoding 编码, 115

  failures of……的失败, 117

engaged active learning 投入主动学习, 2（序言）

enhanced engagement 促进投入, 69

enhanced interest 提高兴趣, 69

enhancing memory 增强记忆, 119—120

e-portfolio as proof of learning 电子档案袋作为学习证据, 37

Erickson, K. I. 埃里克森, 129, 131

Erickson, K. 埃里克森, 128

Eriksson, P. 埃里克松, 129

Ernst, M. 恩斯特, 91

Erwin, H. 欧文, 131, 132

evaluating 评价, 82

evolution, learning and 进化, 学习和, 11—12

evolutionary biology, research findings from 进化生物学, 从……研究发现, 5（简介）

Ewell, P. T. 尤厄尔, 102, 103, 109

exam dates 考试日期, 68

executive control systems 执行控制系统, 7

executive functions, increasing 执行功能, 提升, 10

exercise 锻炼

  as aid in learning 助力学习, 128—131

  amount needed 需要的量, 130—131

  brain-derived neurotrophic factor and 脑源性神经营养因子和, 128—130

in higher education 高等教育中, 132—133

science on relationship between learning and 学习与……的科学关系, 127

selling students on value of 兜售……的价值, 133—134

using, in school 运用, 在学校, 131—132

experiential learning model 经验学习模型, 77

facilitating, need for practice 促进, 实践需要, 87

facilitators 促进者, 171

defined 界定, 41—42

job of ……的工作, 42

writing daily learning outcomes 撰写每天的学习成果, 42—43

Falcon, C. 福尔肯, 119

Federmeier, K. D. 费德米尔, 64

feedback 反馈

focusing of 专注, 56

frequency of 频率, 48

giving 给予, 46—48

need for 需要, 46

principles of good 好的原则, 47

sharing of power and 权力分享和, 65

Ferris, S. 费里斯, 120

Ferry, B. 费里, 29, 63

Fields, J. Z. 菲尔茨, 10

files, development of lesson 文档, 课程开发, 49

Fisher, R. P. 费希尔, 17

Fisk, S. 菲斯克, 42

fixed mindset 固定心智, 51—52, 53

Foerde, K. 弗德, 8, 123

Follman 福尔曼, D., 31
forgetting 遗忘, 116
    motivated 有动力的, 117
Frank, L. M. 弗兰克, 9
frontal cortex 额叶皮层, 115
Fry, R. 弗赖伊, 77
Fuller, A. 富勒, 135

Gage, F. H. 盖格, 130
Gais, S. 加尔斯, 92
Galinsky, A. 加林斯基, 103
Gallini, J. K. 加利尼, 93, 94
games 游戏
    as educational tools 作为教育工具, 96
    in promoting multisensory learning 在促进多感官学习上, 95—98
Gamo, N. J. 加莫, 120
Gamson, Z. F. 加姆森, 76
Garcia, J. 加西亚, 131
Gardiner, L. F. 加德纳, 81
Gardner, Howard 加德纳，霍华德, 26
Gee, J. 吉, 96, 97
Genetics Science Learning Center 遗传科学学习中心, 3, 25
Gentile, D. A. 金泰尔, 133
Gervasoni, D. 杰瓦索尼, 116
Glasser, C. 格拉瑟, 57
Goldberg, Elkhonon 戈德堡，艾克纳恩, 1
Gomez-Pinilla, Fernando 戈麦兹-皮尼拉，费尔南多, 127
Gonsalves, B. D. 贡萨尔维斯, 64

Gou(Guo), Z. 郭, 128

Gould, E. 古尔德, 130

grades, determining 分数，决定, 68

grading 评分

  improvement of discussion skills 改进讨论技能, 85

  small-group discussion skills 小组讨论技能, 85, 87

Graesser, A. 格莱瑟, 110

Graham, S. 格雷汉姆, 51

grammar translation 语法翻译法, 136

Grasha, A. 格拉萨, 74

Grodstein, F. 格罗德斯坦, 128

group discussion 分组讨论

  basic model of guidelines 指导原则基本模式, 171

  ground rules for in-class small, designed to increase group accountability 课堂小型……的基本原则，目的是提高小组的责任, 170—171

group meetings 小组会议, 171

groups 小组

  formation of 的形成, 69

  as learner-centered learning tool 作为学习者为中心的学习工具, 12

  roles of ……的作用, 171

growth mindset 成长型心智, 52, 54

guided discussion 有指导的讨论, 82

Gurd, V. 戈德, 131

Hambrick, D. Z. 汉布里克, 8

Hamilton, A. 哈密尔顿, 9

Harkins, S. G. 哈金斯, 74, 75

Harrison, D. A. 哈里森, 75

Hart, P. 哈特, 25

Hattie, J. 海蒂, 47, 48

Heald, Y. 希尔德, 97

Heiker, P. 海克尔, 73

Herman, W. E. 赫尔曼, 131

Herrington, J. 赫林顿, 24, 28n

Hess, R. D., 82, 82n

Heuer, F. 霍伊尔, 123

Hierarchy 层次结构, 113

higher education 高等教育

 examples of authentic learning experiences in classrooms 课堂真实性学习体验示例, 29—31

  formal changes in 正式变革, 136

  getting exercise and movement in 引入锻炼和运动, 132—133

Hillman, C. H. 希尔曼, 128, 131, 132

hippocampus 海马体, 115, 119

 effects of brain derived neurotrophic factor (BDNF) 脑源性神经营养因子（BDNF）的影响, 130

Hjalmarson, M. 加尔马森, 31

Hole, B. 霍尔, 31

homework 课后作业, 45

 in learner-centered model 在以学习者为中心的模式中, 44—45

Hoover, M. 胡佛, 31

Huddleston, D. E. 赫德尔斯顿, 130

Hudson, Judith 哈德森，朱迪思, 83

Hughes, J. 休斯, 46, 47

Huguet, P. 休格特, 75

human cognitive process 人类的认知过程, 103

human evolution, study of 人类进化，……的研究, 12

human senses, effect on teaching and learning 人类感官，对教学的影响，5（简介）
human-to-human interactions in classrooms 课堂人与人的互动，50—51
Hung, Y. H. 亨，110

Illinois Standards Achievement Test 伊利诺伊州标准成绩测试，131
Imbrie, P. K. 英布里，31
information 信息
  elaborating and rehearsing 精加工和重排，124
  relating to prior knowledge 关联先前知识，124
  structuring and organizing 构造和组织，124
Innis, Matt Mac 英尼斯，马特·麦克，70
Institute, Franklin 研究所，富兰克林，127
Institute of Education Sciences 教育科学研究所，110
instruction, incorporating discussion into 教学，将讨论融入，5（简介）
instructional patterns 教学模式，110
instructor, tasks of 教师，……任务，1（序言）
instrumental arranging, standards for 器乐编排，……标准，33
intellectual skills, cultivation of 智力技能，……的培养，55
intelligence, categories of 智力，……类别，51—52
interference 干扰，117
Isaac, J. T. 艾萨克，119
Ivanoff, J. 伊凡诺夫，8

Jha, A. 杰哈，10
Johnson, R. 约翰逊，118
Jones, L. A. 琼斯，8
Jonides, J. 珍妮迪斯，8

Jukes, I. 朱克斯, 96

Klish, A. 卡利什, 133

Kaner, S. 卡纳, 42

Kang, J. 康, 128

Kaplan, S. 卡普兰, 8

Karlsson, M. P. 卡尔松, 9

Karp, D. A. 卡普, 74

Karpicke, J. D. 卡尔匹克, 17

Keller, D. 凯勒, 34

Kelly, A. 凯利, 31, 32

Kensinger, E. A. 肯辛格, 121

Kerr, N. L. 克尔, 75

Kervin, L. 克尔文, 29, 63

Kilbourne, John 基尔伯恩，约翰, 11—12

Kim, R. 金, 89, 90

Kirschner, P. A. 基施纳, 23

Klein, Dean 克莱因，迪恩, 140

Klein, Josephine 克莱因，约瑟芬, 41—42

Klein, Matt 克莱因，马特, 139

Klimek, K. 克利梅克, 106, 107

Klopfer, E. 克洛普弗, 96, 97

Knight, J. R. 奈特, 10

Knowlton, B. J. 诺尔顿, 8, 123

Koedinger, K. 科丁格, 110

Kohn, A. 科恩, 63

Kolb, D. A. 科尔伯, 77

Kramarski, B. 克拉玛斯基, 81

Kramer, A. F. 克雷默, 128, 129, 130, 131

Krathwohl, D. R. 克拉斯沃尔 , 81

Krishna, A. 克里希纳 , 92

Krishnan, K. R. 克里希南 , 131

Kristeller, J. 克里斯蒂勒 , 10

Kuhn, Thomas 库恩，托马斯 , 135

Kwon, J. 权 , 110

LaBar, K. S. 拉巴尔 , 123

Labor, U.S. Department of 劳工，美国……部 , 142

Lambert, Kelly 兰伯特，凯利 , 26

Langrod, J. 朗罗德 , 25

large-group discussions development of 大组织讨论开发 , 5（简介）

   guidelines for……指导原则 , 71

Larson, B. E. 拉森 , 80

Latane, B. 拉塔内 , 74, 75

Lave, J. 列维 , 24, 26, 137

Lavine, M. 拉文 , 116

Lawson, L. 劳森 , 19

learner-centered teaching (LCT) 以学习者为中心的教学（LCT）

  defined 界定 , 1（简介）

  difference between lectured-based instructional model and 以讲座为基础的教学模式与……之间的不同 , 41

   discussion as part of 讨论作为……的组成部分 , 73—87

   getting others to embrace 让他人接受 , 135—143

   getting support for 获取支持 , 6（简介）

   goal of……的目标 , 3, 22

   hard science basis of……硬科学基础 , 6（简介）

   homework in 课后作业 , 44—45

· 191 ·

　　　　lectures in 讲授, 2—3

　　　　patterns and 模式和, 113

　　　　research on 对……的研究, 1—2（简介）, 1—14

　　　　students in……中的学生, 3（简介）

　　　　teaching patterns in……中教学模式, 104—109

　　　　value of……的价值, 134

learners, identifying our 学习都得，识别我们的, 50—62

learning. See also authentic learning active 学习。参看真实性学习活动, 11, 41—42

　　　　engaged 投入的, 2（序言）

　　　　amount of time spent in 花在……上的时间, 2

　　　　augmented 增强, 98

　　　　brain-based 基于大脑的, 11

　　　　building relationships that enhance 建立可以促进……的关系, 57—59

　　　　of chess 国际象棋的, 104

　　　　cognitive theory of multimedia 多媒体认知理论, 93—95

　　　　defined 界定, 1, 13, 17

　　　　discussion in enhancing 讨论促进, 74—75

　　　　downtime and 休息时间和, 9

　　　　drugs and 药物和, 9—10

　　　　effective discussions and 有效讨论和, 74

　　　　engaged active 投入积极的, 2（序言）

　　　　E-portfolio proof of……电子档案袋证据, 38—39

　　　　evolution and 进化和, 11—12

　　　　games in promoting multisensory 游戏促进多元感官, 95—98

　　　　giving students choices in 给学生选择机会, 59, 63—64

　　　　linear activities in……里的非线性活动, 104

　　　　multitasking and 多任务和, 8

　　　　natural cycle in 自然周期, 77

out-of-class 课外, 45

participatory 参与式, 2（序言）

passive 被动的, 1

patterned 模式化的, 102—103

relating feedback to goals 目标相关的反馈, 48

science on relationship between exercise and 锻炼和……之间关系的科学, 127

traditional situations in ……的传统情境, 26

writing daily outcomes of 写每天的……成果, 42—43

learning experience 学习体验, 88—89

Learning Lab at The Wharton School 沃顿商学院学习实验室, 97

lectured-based instructional model, difference between learner-centered teaching (LCT) and 以讲座为基础的教学模式，以学习者为中心的教学和……之间的不同, 40—41

lecture knowledge, discussion knowledge treating as 讲座知识，讲座知识被视为, 84—85

lectures 讲座

    clarification about use of 澄清……的使用, 2—3

    taking breaks during 在……期间短暂休息, 133

Lepper, M. 莱珀, 124

Lesh, R. 莱什, 31, 32

lesson planning 教案, 2（序言）, 9

    step one: writing daily learning outcomes 第一步：写每天的学习成果, 42—43

    step two: action plan 第二步：行动计划, 43—44

    step three: additional practice 第三步：额外练习, 44—46

    step four: giving feedback 第四步：给予反馈, 46—48

Levy, F. 利维, 25

lifelong learners, students as 终身学习者，学生作为, 142—143

Lin, S. C. 林, 116

Lind, L. 林德, 42

linear learning activities 线性学习活动, 104
Loftus, Elizabeth 洛夫特斯，伊莉莎白, 116
Lombardi, M. M. 隆姆巴迪, 25, 29
long-term memories 长时记忆, 10
    forming 形成, 17
        making 创建, 13—14
long-term potentiation (LTP) 长时程增强（LTP）, 130
long-term recall, teaching for 长时记忆，为……的教学, 120—122
long-term retention, cumulative testing in improving 长久保持，累积性测试以提高, 17
Lowinson, J. 洛温森, 25
Lowman, J. 洛曼, 74
Ludington, J. 路丁顿, 51
Lwin, May O. 伦，梅, 92

Mackay, W. A. 麦凯, 90
Madden, T. 马登, 131
Malkowski, E. 马尔科夫斯基, 129, 131
Manson, J. 曼森, 128
mapping 导图, 18, 84
    using 运用, 101
Markell, M. 马克尔, 105
Marois, R. 马鲁瓦, 8
Marra, T. 马拉, 30
Mars, R. 玛尔斯, 94
mathematics, scaffolding and 数学，脚手架和, 20
mathematics education researchers, development of model eliciting activities 数学教育研究者，模型启发活动开发, 31—32
Mattson, M. P. 马特森, 128

· 194 ·

Mayer, R. E. 梅耶, 23, 91, 93, 94

McAuley, E. 麦考利, 129, 131

McCabe, S. E. 麦凯布, 10

McClintic, C. 麦克林蒂克, 105, 106

McDaniel, M. A. 麦克丹尼尔, 17, 110

McDermott, K. B. 麦克德莫特, 18

McFarlane, A. 麦克法兰, 97

McKeachie, W. J. 麦基齐, 73, 74

McKenzie, J. 麦肯齐, 19

McKone, E. 麦科, 117

MD,E-Health, 希尔斯, 112

Medina, J. 梅狄纳, 5, 11, 13, 18, 88, 90, 92, 116, 118, 127

meditation in enhancing mental agility and attention 提高思维敏捷性和注意力的冥想, 10

Mellon, Carnegie, Learning Principles 梅隆, 卡耐基, 学习原则, 111

Mellor, J. R. 梅勒, 119

memories 记忆

 drugs to enhance 药物促进, 120

 encoding 编码, 115

 enhancing 促进, 119—120

 improving 改善, 123—125

 knowledge about human 人类知识, 115—119

 research on……研究, 4（简介）

 sleep and 睡眠和, 116

 solidification and formation processes 巩固和形成过程, 9

 stress and 压力和, 118—119

 training 训练, 7

Mendel, Gregor 孟德尔, 格雷戈尔, 102

Mendonca 门多卡, 91

metacognitive questions 元认知问题, 81

Metcalfe, J. 麦特卡尔夫, 110

Mevarech, Z. R. 梅瓦雷赫, 81

Middendorf, J. 米登多夫, 133

Millman, R. 米尔曼, 25

mind map 思维导图, 84

mindsets 心智
  changing our students' 改变我们学生的, 55—57
  as contextual 作为背景, 52
  fixed 固定型, 51—52, 53—54
  growth 成长型, 51—52, 54
  of our students 我们学生的, 51—57
  recognizing our students' 识别我们学生的, 53—54

mind wandering 心智游移, 7

misattribution 错误归属, 118

mnemonic devices 助记策略, 124

model eliciting activities (MEAs) 模型启发活动（MEAs）, 31—32
  examples of……示例, 32

Modie, J. 莫迪, 128

Mohs, R. C. 莫斯, 115

Montapert, Alfred A. 蒙塔培尔特，阿尔弗雷德, 15

Monte, J. 蒙特, 75

Montessori, Maria 蒙特梭利，玛利亚, 40

Moon, S. 莫恩, 31

Morein-Zamir, S. 莫雷因-扎米尔, 10

Moreno, R. 莫雷诺, 93, 94

Morrin, Maureen 莫林，莫里恩, 92

Morrin, W. 莫林, 92

motivated forgetting 动机性遗忘, 117

movement 运动
    biological connection between cognition and 认知和……的生物学联结, 127
    in higher education 高等教育中的, 132—133
    integrating, in students' learning processes 整合，进学生学习过程, 12

movie patterns 电影模式, 108

Mueller, Jon 缪勒, 33

Mullen, B. 穆伦, 75

Muller, John 穆勒，约翰, 39

Muller, R. U. 穆勒, 119

multimedia approach, using 多媒体方法，运用, 93—94

multiple sensory techniques 多感官技巧, 5（简介）

multisensory learners, helping students become 多感官学习者，帮助学生成为, 90—92

multisensory learning 多感官学习, 18
    authentic learning as 真实性学习为, 98—99
    research on power of ……的力量研究, 89—92
    using games to promote 运用游戏促进, 95—98

multitasking 多任务
    defined 界定, 8
    learning and 学习和, 8

Murnane, R. 默南, 25

Najjar, L. J. 纳贾尔, 92

National Institute on Drug Abuse (NIDA) 国家药物滥用研究所（NIDA）, 9

National Library of Medicine 国家医学图书馆, 30

natural learning cycle 自然学习周期, 77

Nauert, R. 诺尔特, 1

Nellis, Bob 内利斯，鲍勃, 11

neural growth 神经生长, 7

neural networks, developing new 神经网络，发展新的, 13

neuroanatomy 神经解剖学, 5

neurogenesis 神经形成, 6, 128

  exercise in development of 锻炼在……的发展中, 129—130

neuron connections 神经元联结, 115

neuron networks, creation of new 神经元网络，创造新的, 56

neurophysiology 神经生理学, 5

neuroplasticity 神经可塑性, 6—7

neuropsychology 神经心理学, 5

neuroscience 神经科学

  journals integrating research 整合研究的杂志, 138—139

  reading process and 阅读过程和, 4

Newell, F. 纽厄尔, 91

New Horizons for Learning (NHL) educational website 学习新视野（NHL）教育网站, 34

Newmann, F. M. 纽曼, 26

Nicol, D. 尼科尔, 47

Nicolelis, M. A. 尼科莱利斯, 116

Nidich, S. I. 尼迪奇, 10

Nilson, L. 尼尔松, 74

NMDA (A-methyl D-aspartate) receptors N-甲基D-天冬氨酸受体, 119

Nordborg, C. 诺德堡, 130

norepinephrine, role of exercise in increasing production of 去甲肾上腺素，锻炼在促进……产生上的作用, 126—127

North Central Regional Educational Laboratory on authentic learning 从事真实性学习研究的北中部区域教育实验室, 27—28

Novak, J. D. 诺瓦克, 99, 100

Oberlander, E. M. 奥伯兰德, 8

obstacles 障碍

  in fixed mindset 固定型心智, 54

  in growth mindset 成长型心智, 54

Ochsner, K. N. 奥克斯纳, 123

office hours 办公室接待时间, 69

Oliver, R. 奥利弗, 24, 28n

online delivery systems 在线教学系统, 18

open-ended inquiry 开放式探究, 29

open-ended questions 开放式问题, 81

organizational issues, sharing power on 组织问题, 在……上分享权力, 67—69

Orton Society 奥顿协会, 4

Oswald, F. L. 奥斯瓦德, 8

out-of-class learning 课后学习, 45

Overbaugh, R. 奥弗波夫, 82n

pairs, development of 一对一, ……的发展, 5（简介）

Paivio, A. 帕维奥, 93

Palestine—The Game (Serious Games Interactive)《巴勒斯坦》——一款游戏（制作公司：严肃游戏互动）, 30

Pantoja, J. 潘托哈, 116

papers 论文

  rewriting of 重写, 17

  topics for 主题, 68

participatory learning, value of 参与式学习, ……的价值, 2（序言）

Pashler, H. 帕施勒, 17, 111, 121

Paspalas, C. D. 帕思帕拉斯, 120

passive learning 被动学习, 1

Pathak, A. 帕萨克, 131

patterned learning 模式化学习, 103

patterns 模式, 102—113

  brains in seeking 大脑搜寻, 103

  examples to use in explaining 用于解释的示例, 108

  helping students to use their own 帮助学生运用自己的, 105—106

  instructional 教学, 110

  lack of recognition of……认知缺失, 106

  learner-centered teaching and 以学习者为中心的教学和, 113

  most used 最常用的, 111—113

  revealing, of our content 揭示, 内容的, 109—110

  teaching, in learner-centered teaching 教学, 以学习者为中心的教学中的, 104—109

pattern-seeking device 模式搜寻装置, 5（简介）

pedagogical mimicry 教学模仿, 1（序言）

peers' work, rubrics for self-evaluation or for evaluation of 同伴工作, 自我评价或……评价量表, 71—72

Pellegrino, J. W. 佩莱格里诺, 24

Pereira, A. C. 佩雷拉, 130

Perfilieva, E. 彼尔菲莉耶娃, 130

performance review 表现评估, 29

periodic table of elements 元素周期表, 108

Perry, D. J. 佩里, 19

Pert, C. B. 珀特, 123

Peterson, D. 彼得森, 130

Phelps, E. A. 费尔普斯, 123

Phonics 拼读法, 4—5

Piaget, Jean 皮亚杰, 让, 18, 26

Piezon, S. L. 皮宗, 75

piriform cortex 梨状皮质, 92

planning 计划

  importance of……的重要性, 101

  power of……的力量, 41

plasticity 可塑性, 138

Polaris 北极星, 38—39

Poldrack, R. A. 波尔德拉克, 8, 123

Pomerantz, R. 波梅兰茨, 10

Post, T. 波斯特, 31, 32

Postman, L., 波斯特曼 117

power 力量

  of seeing 视觉的, 92

  sharing 分享, 4（简介）, 64—72

  on organizational issues 组织问题上, 67—69

  sharing when forming course policy 在形成课程政策时分享, 66—67

practice 实践

  facilitating need for 促进……的需求, 87

  need for additional 需要额外的, 44—45

practice quizzes 练习小测验, 18

Prakash, R. S. 普拉卡什, 129, 131

Prcevich, K. 普里切维奇, 29, 63

Prensky, M. 普伦斯基, 96

Preskill, S. 普雷斯基尔, 73, 75, 81

Price, K. H. 普赖斯, 75

prior knowledge, information relating to 先前知识，与……相关的信息, 124

proactive interference 前摄干扰, 117

projects, topics for 项目，……主题, 69

Prowse, S. 普劳斯, 46, 47

Pytel, B. 皮特尔, 11

questions 问题

    metacognitive 元认知 , 81

    open-ended 开放式的 , 81

    well-conceived 构思良好的 , 81

Rainforth, M. V. 雷恩福思 , 10

Rasch, B. 拉施 , 92

Ratey, J. 瑞蒂 , 1, 11, 13, 90, 103, 106, 122, 126, 127, 128, 129

rationales for use of discussion 运用讨论法的原理 , 76—77

Rawson, K. 罗森 , 45

reading 阅读

    neuroscience and process of……的神经科学和过程 , 3—4

    whole language approach to teaching 整体语言教学法 , 4

recall, improving 回忆，改进 , 122—123

recoding 重新编码 , 105

recorder 记录员 , 171

Reeves, T. C. 里夫斯 , 24, 28*n*

reflection, 29, 121

reflection papers 反思报告 , 83

Reisberg, D. 赖斯贝格 , 123

relationship-driven teaching 关系驱动教学 , 58

    principles of……的原则 , 61

    research on……方面的研究 , 4（简介）

relationships 关系

    building, that enhance learning 建立，促进学习 , 57—58

    using common sense in building with students 运用常识与学生建立 , 59—61

remembering 记忆 , 82

REM sleep 快速眼动睡眠 , 116

Renard, L. 雷纳德 , 50, 51, 61

reporter 记者 , 171

repression 压制 , 117

research, obligation to 研究，有责任 , 138—139

resistance of students 学生的抵制 , 72

Resnick, L. B. 雷斯尼克 , 34

resources, need for 资源，需要 , 43—44

retesting 重测 , 17—18

retrieval failure 提取失败 , 117

retroactive interference 倒摄干扰 , 117

rewriting of papers 重写论文 , 17

Ribeiro, S. 里贝罗 , 107, 116

Rice, C. J. 赖斯 , 119

Richard, Michael 理查德，迈克尔 , 53

Rinck, M. 林克 , 117

Ritalin 利他林 , 9—10

Roediger, H. L. 罗迪格 , Ⅲ, 17, 18

Rogers, Carl 罗杰斯，卡尔 , 41

Rogers, D. 罗杰斯 , 105

Rogers, S. 罗杰斯 , 50, 51, 61

Rohrer, D. 罗雷尔 , 17, 110, 121

Roksa, J. 洛克萨 , 2

role play 角色扮演 , 83

Roncalli, J. 龙卡利 , 131

rubrics in evaluating authentic learning activities 真实性学习活动评价量表 , 37

Rueda, E. 卢埃达 , 110

Ruggerio, Vincent 鲁里奥，文森特 , 60

Ruiz, P. 鲁伊斯 , 25

Rule, A. C. 鲁莱 , 29

Rutkowski, D. 鲁特科夫斯基, 73

Sahakian, B. 萨哈金, 10
scaffolding 脚手架
  approach of……的方法, 18—20
  mathematics and 数学和, 20
Schacter, D. L. 沙克特, 13, 83, 117, 118
Schneider, R. H. 施耐德, 10
school, using exercise in 学校，在……运用锻炼, 131—132
Schooler, J. 斯库勒, 7
Schultz, L. 舒尔茨, 82n
Schwarz, Roger 斯瓦兹，罗杰, 87
Secada, W. G. 斯卡德, 26
seeing 视觉, 92
  power of……的力量, 92
Seitz, A. R. 塞茨, 89, 90
self-assessment 自我评估, 29
self-evaluation, rubrics for, or for evaluation of peers' work 自我评价，……的量表，或用于评价同伴的工作, 71—72
self-image 自我形象
  in fixed mindset 固定型心智, 53
  in growth mindset 成长型心智, 54
self-talk 自我会话, 57
Senard, J. 盛纳德, 131
senses, teaching to all 感觉，多……教学, 88—101
sensory cortex 感觉皮层, 90
sensory receptors 感觉接受器, 90
Serious Games Interactive 严肃游戏互动, 98

Serlin, R. 塞林, 110

serotonin, role of exercise in increasing production of 血清素，锻炼在提高产生……中的作用, 129

Serra-Grabulosa, J. 塞拉-格拉布洛萨, 119

Shams, L. 夏姆斯, 89, 90

Shankardass, Aditi 尚卡达斯，阿迪提, 5

shared decision making 分享决策, 65

sharing 分享

  in building community 在建立共同体中, 65

  of power 权力……, 63—72

  on organizational issues 组织问题上, 68—69

  when forming course policies 形成课程政策时, 66—67

Shepard, Danette, Chair in Neurological Sciences in University of California Irvine School of Medicine 舍帕德，达内特，加州大学欧文分校医学院神经科学讲席教授, 118

shifting tasks 转换任务, 8—9

Short, J. E. 肖特, 22

silent way 默读法, 136

similarity and difference 相似性与差异性, 111—112

Simon, P. 西蒙, 134

Sim Port (game) 西姆港（游戏）, 30

situational language teaching 情境教学法, 136

sleep, memory and 睡眠，记忆和, 116

Smagorinsky, P. 斯马戈林斯基, 18

Small, S. A. 斯摩尔, 130

small-group discussions, guidelines for 小组讨论，……的指导原则, 71

Smallwood, J. 斯莫尔伍德, 7

Smelling 嗅觉, 91—92

Smith, C. N. 史密斯, 115

Smith, Frank 史密斯，弗兰克, 4

Smith, M. K. 史密斯, 41

Snyder, Peter 斯奈德，彼德, 5, 6

Soares, E. S., 索尔斯, 116

social loafers, students as 社会游手好闲者，学生作为, 75

Sosunov, A. A. 索苏诺夫, 130

Southern California, University of 南加州，……大学, 121

spacing 间隔, 120

spam filter, creating 垃圾邮件过滤，创建, 32

Sparrowhawk, A. 斯帕罗霍, 97

speech processing 语音处理, 4

Spiller, D. 斯皮勒, 46, 47n

Squire, L. R. 斯夸尔, 115

standards, use of, in creating authentic learning activities 标准，运用，在创建真实性学习活动中, 33

Staresina, B. P. 斯塔雷西娜, 118

Steinhoff, K. 斯泰因霍夫, 94

Stenberg, Georg 斯坦伯格，格奥尔格, 94

Stern, Y. 斯特恩, 7, 10, 128

stress, memory and 压力，记忆与压力, 118—119

students 学生

  ability to face challenge 应对挑战的能力, 56

  caring about 关爱, 60

  changing mindsets of 改变……的心智, 55—57

  choices of, on learning ……的选择，在学习上, 59, 63—64

  current performance of ……的当下表现, 56

  explanation of, in own words ……解释，用自己的话语, 122

  facilitating discussions, by not talking 促进讨论，非言语, 73—87

  fixed beliefs of ……的固定信念, 57

getting input on design of discussion from 在设计讨论上获取……的建议, 78

giving rationale for learning activities and assignment 给出学习活动和任务的理由, 140—142

helping become multisensory learners 帮助成为多感官学习者, 90—91

in helping themselves 在帮助他们自己中, 57

helping to use their own patterns 帮助其运用自己的模式, 105—106

improving memories of 提高……的记忆力, 123—125

lack of pattern recognition 缺乏认知模式, 106

learning of, in brain research ……的学习, 在脑研究中, 5—7

lecture as equivalent to teaching 讲座即为教学, 75—76

as lifelong learners 作为终身学习者, 141, 142

mindsets of our 我们……的心智, 51

need for convincing, that discussion enhances learning 要相信, 讨论可以促进学习, 74—75

patterns used most 最常用的模式, 111—113

praising efforts of 表扬……的努力, 56

providing evidence of success 为成功提供证据, 62

recognizing mindsets of 识别……的心智, 53—54

relating to 与……相关, 50—51

resistance of ……的抑制, 72

resistance to learner-centered teaching(LCT) 对以学习者为中心的教学（LCT）的抑制, 136

selling our, on value of exercise 兜售, 锻炼的价值, 133—134

sharing of power 权力分享, 64—65

talking with 与……交谈, 59—60

treating, as son or daughter 对待, 作为子女, 59

using common sense in building relationships with 利用常识与……建立关系, 59—61

value of work of ……的工作价值, 61

students' learning processes 学生学习过程
  integrating movement in 融入运动, 12
  relating to 与……相关, 50—51
  resistance of, to doing work……的抑制，做工作, 16
  strategies for letting do the work 让人做工作的策略, 16—20

students' mindsets 学生的心智, 4（简介）
  sharing power with 与……分享权力, 4（简介）

study routine, varying 学习习惯，不同, 124—125

success of others in fixed mindset 固定型心智的人眼中的他人的成功, 54

summaries, writing 概要，写作, 84

suppression 压制, 117

Sweller, J. 斯韦勒, 23, 93

Swing, E. L. 斯温, 133

Sylwester, Robert 西尔维斯特，罗伯特, 3, 136

synapse 突触, 115

synaptic plasticity 突触可塑性, 128
  effect of exercise on 锻炼对……的影响, 127

Taras, M. 塔拉斯, 47

tasks, shifting 任务，转换, 8—9

Taylor, D. 泰勒, 131

teacher-centered instruction as less effective 把以教师为中心的教学视为低效的, 1

teachers 教师
  best use of classroom time 充分利用课堂时间, 20
  best use of time 充分利用时间, 43
  in facilitating student discussions 在促进学生讨论上, 73—87
  identifying job on ……的识别任务, 15

teaching. See also learner-centered teaching (LCT); relationship-driven teaching 教学。

也可参看以学习者为中心的教学（LCT）；关系驱动教学

    to all senses 涉及所有感官, 88—101

    application of cognitive theory of multimedia learning to 认知多媒体学习理论的应用, 94

    content issues and 内容问题和, 69—72

    lecture as equivalent to 讲座等同于, 75—76

    for long-term recall 为了长时记忆, 120—121

    methods of……的方法, 71

    reasons for failure of many approaches 很多方法失败的原因, 137—143

    relationship-driven 关系驱动, 4（简介）, 58, 61

    role in granting tenure 授予终身职中的作用, 140

    situational language 情境语言, 136

    whole language approach to, for reading 整体语言法，阅读的, 4

teaching portfolio 教学档案袋, 138—139

team, being on same, with students 团队，是同样的，与学生一起, 62

teamwork in authentic learning 真实性学习团队, 29

tenure, teaching's role in granting 终身职，授予中教学的作用, 139

test validity 测试效度, 36

Teter, C. J. 泰特, 10

Thompson, C. J. 汤普森, 31

Thompson, D. 汤普森, 96

time 时间

    allocation of class 课堂……分配, 44

    best use of 最佳利用, 43

time keeper 计时员, 171

Timperley 廷珀利, H., 47, 48

Toldi 托尔迪, C., 42

touching 触觉, 91

traditional, lecture-centered model of instruction, moving away from 传统的，讲授

为中心的教学模式，从……移开, 41

traditional learning situations 传统的学习情境, 26

training 培训, 139

training, Microsoft 培训，微软, 92

Tranel, D. 特瑞纳, 64

Transience 健忘, 118

Trends in International Mathematics and Science Study (TIMSS) 国际数学与科学研究趋势, 129, 134

trial-and-error approach 试误法, 1—2（序言）

understanding 理解, 82

Underwood, B. J. 安德伍德, 117

unisensory methods 单感官方法, 91

Vaynman, S. 沃曼, 127

video games in improving mental agility 电子游戏在提高思维敏捷性上, 10

Virtual Courtroom 虚拟法庭, 30

Visible Human Project (VHP) 人体可视项目（VHP）, 30

visual cortex 视觉皮质, 90

visual information, using 视觉信息，运用, 122

visual search 视觉搜索, 10

Voss, J. L. 沃斯, 64

Voss, M. W. 沃斯, 129

Vygotsky, Lev 维果茨基，列夫, 18, 19

Wagner, A. D. 瓦格纳, 115

Walberg, H. J. 瓦尔贝格, 51, 60
Walker, M. P. 沃克, 116
Walsh, D. A. 沃尔什, 133
Wan, R. 万, 128
Wang, M. C. 王, 51, 60, 120
Ware, J. 韦尔, 128
Waugh, T. M. 沃, 131
Wechsler, H. 威克斯勒, 10
Wehlage, G. G. 维拉杰, 26
Weimer, M. 韦默, 64, 78
Weissberg, R. P. 韦斯伯格, 51, 60
well-conceived questions 构思良好的问题, 81
Wenger, E. 温格, 24, 137
Weuve, J. 沃伏, 128
Whitebread, D. 怀特布雷德, 97
Whitson, J. 惠特森, 103
whole language approach to teaching reading 以整体语言教学法教阅读, 4
Wiggens, G. 维根斯, 34, 35, 36
wiki site, establishing 维基站点，建立, 17
Williams, K. 威廉姆斯, 75
Williams, M. 威廉姆斯, 21
Wixted, J. 威克斯蒂德, 17
Woolverton, M. 伍尔弗顿, 124
working memory 工作记忆, 10
Wrangham, Richard 朗汉姆，理查德, 127

Yambric, W. 亚姆布里克, 20
Yang, Y. 杨, 120

Ying, Z. 应 , 127
Yoels, W. C. 约尔斯 , 74

Zadina, Janet 扎迪纳，珍妮特 , 1—2, 3, 13, 22, 25
Zawojewski, J. 扎伍杰斯基 , 31
Zhou, Y. 周 , 116
Zins, J. E. 齐恩 , 51, 60
zone of proximal development 最近发展区 , 19—20
zoning out 走神 , 7
Zull, J. 祖尔 , 19, 63, 64, 77, 84, 92, 95, 124

译后记

阅读《以学习者为中心的教学：基于学习研究的实践》已是几年前的事了，而每每回忆起自己中小学阶段的学习以及大学阶段的学习，"老师讲、学生听"的模式仍然历历在目。尽管中美背景大不相同，但 10 多年的基础教育经历与书中所述的 K12 的学生体验是如此相近。如今，走进大学的课堂，这仍是普遍存在的模式。我们的老师、我们的学生是如此地适应教师中心——"老师讲、学生听"的模式，但老师的权威形象似乎已今不如昔。

以学习者为中心已成为管理者、学者、教师口中的热词，但怎样才能做到以学习者为中心，或许还需要有个澄清和实践的过程。本书作者认为，教学不应该是一件需要反复试误的事情，建议我们离开常识性做法，通过追踪相关研究，在学习研究的基础上开展有效教学。让学生去做、真实性学习、认识自我、了解学生、分享控制、小组讨论、触及多感官、心智模式、精加工、运动和锻炼等概念或许我们并不陌生，但真正结合实践开展讨论并系统地运用于高等教育实践还是较为鲜见的。以学习者为中心的理念随着专业认证的实施，已广泛地被大学教师所接受，但真正实现以学习者为中心的教学实践依然任重道远。

通过本书的阅读，我们知道了，教学不仅是一门艺术，还是一门科学，更是一门以多学科为基础的交叉科学。教学不再仅仅是经验，优秀的教学也不再是坊间轶事，它应该是有规律的，是有研究证据的。本书不仅为我们提供了学习研究成果，还为我们提供了大量的实践范例。这让我们认识到，开展基于学习研究的教学是可触可及的，我们要把注意力集中到促进学生学习上，学生的学习成果一定是可期可待的。让我们一起通过实践来拥抱以学习者为中心的教学吧！

收获辞霜渚，分明在夕岑。翻译是一件辛苦的差事，限于白天要承担其他工作，我只能利用晚上的时间，而一坐下来往往就会超过 24 点，为了第二天的工作，一定得停下来，然后再等第二个晚上的到来。如此往复，终得完成。尽管辛苦，但翻译是一段认知提升的体验，也是一段意志磨炼的体验，还是一段二次创造的体验，而完成后的成就感又是一种别样的体验。

我在翻译过程中得到了浙江大学出版社朱辉老师和本系列译丛团队成员、浙江师范大学外国语学院徐微洁教授、竺金飞副教授等人的大力支持，同时文中涉及音乐的内容得到了浙江师范大学音乐学院汪静一教授的指导，在此一并表示感谢。

限于译者的水平，书中难免存在不足之处，恳请读者批评指正。

周军强

2021 年 12 月于芙蓉峰下